Lotte Bormuth

DAS WUNDER IN DER HEILIGEN NACHT

Lotte Bormuth

Das Wunder in der Heiligen Nacht

francke

Über die Autorin:
Lotte Bormuth ist eine der erfolgreichsten christlichen Autorinnen Deutschlands. In bald über 100 Titeln hat sie mit Lebensbildern und eigenen Erlebnissen vielen Menschen Trost, Freude und Glaubensmut vermittelt. Sie hat fünf Kinder und 17 Enkel und lebt mit ihrem Mann in Marburg.

Bibliografische Information Der Deutschen Bibliothek
Die Deutsche Bibliothek verzeichnet diese Publikation in der Deutschen Nationalbibliografie;
detaillierte bibliografische Daten sind im Internet über http://dnb.ddb.de abrufbar.

ISBN 978-3-86827-469-1

35037 Marburg an der Lahn
Umschlagbild: © dreamstime.com / Ivan Kmit
Umschlaggestaltung: Verlag der Francke-Buchhandlung GmbH / Christian Heinritz
Satz: Verlag der Francke-Buchhandlung GmbH
Druck und Bindung: CPI Moravia Books Pohorelice

www.francke-buch.de

Inhaltsverzeichnis

Ludwig Harms und seine Weihnachtspredigt

Es mag ein wenig seltsam erscheinen, dass ich am Anfang meines Weihnachtsbuches das Leben des Erweckungspredigers aus der Lüneburger Heide vorstelle. Es hat jedoch seinen Grund. Eine seiner Predigten, die er in einem Weihnachtsgottesdienst hielt, ist mir unter die Haut gegangen, als ich sie vor einiger Zeit las, und aus diesem Grunde werde ich auf sie eingehen. Sie ist einzigartig.

Ludwig Harms wurde am 5. Mai 1808 in Walsrode geboren. In seinem Leben erfüllte sich das Wort Jesu: „Wer an mich glaubt, wie die Schrift sagt, von des Leibe werden Ströme lebendigen Wassers fließen.“ Die Gegend um Hermannsburg erlebte eine Erweckung, wie sie in Deutschland einmalig ist. Zunächst öffnete sich seine Gemeinde dem Einfluss seiner Predigten. Fast ein ganzes Dorf wurde bereit, sich in die Nachfolge Jesu rufen zu lassen. Aber nicht nur seine Gemeindeglieder glaubten an den lebendigen Gott, es kamen auch Tausende Menschen aus der

Umgebung, um an seinen Gottesdiensten teilzunehmen. Unter seiner Verkündigung wurde den Zuhörern das Herz aufgetan. Sie erkannten ihre Sündhaftigkeit und taten Buße. So wurden sie in die Nachfolge Jesu hineingezogen. Einige folgten auch dem Ruf Gottes zum Missionsdienst. Sie gingen nach Afrika, um auch dort das wertvolle Gotteswort zu verkündigen. Bis in unsere Tage ist Hermannsburg eine Stätte der Mission.

Auch unsere Familie hat einen Bezug zu diesem Werk gewonnen. Bevor unsere Kinder nach bestandenem Abitur zum Studium an die Universität gingen, haben drei von ihnen dort ein Seminar besucht. Auch meine Schwester und mein Schwager gehörten zu den Bibelschülern. So haben sie, unter Anleitung hervorragender Theologen, das Predigen gelernt. Heute verkündigen sie selbst das Wort Gottes.

Aber was war so bedeutsam im Leben von Ludwig Harms, dass sein Wirken solch weite Kreise zog? Zweierlei hat ihm in seinem Dienst Vollmacht und Ausstrahlung gegeben. Er war ein Mann, der das Wort Gottes liebte, und er war ein Beter. Aufgewachsen ist er in einem Pfarrhaus. Aber zunächst konnte die Bibel in ihm keine Durchschlagskraft entfalten. Auch sein Studium der Theologie ließ sein Innerstes unberührt. Doch er war sehr fleißig und so studierte er Latein, Griechisch, Hebräisch, Syrisch, Sanskrit, Italienisch und Spanisch. Er war ein ausgesprochenes Sprachgenie. Ihn interessierten aber auch Philosophie, Mathematik, Physik und andere naturwissenschaftliche Fächer. Sein Wissensdurst war immens. Und doch konnte er durch alles Lernen nicht zum Frieden mit Gott finden. Die Theologie befriedigte ihn nicht. So kam er eines Tages für die Ferien nach Hause und erklärte seinem Vater, dass er kein Pastor werden wollte, da er nicht an Gott und an die Bibel glauben könne. Es folgte ein längeres Gespräch zwischen den beiden und der Vater ermahnte seinen Sohn: „Mach deine Vernunft nicht zum Meister der Heiligen Schrift! Lass dich nicht irreleiten und entsage nicht dem Predigtamt."

Daraufhin beschäftigte sich Ludwig Harms intensiv mit dem Johannesevangelium. Ein Wort bewirkte seine Umkehr zu Christus: „Das ist aber das ewige Leben, dass sie dich, der du allein wahrer Gott bist, und den du gesandt hast, Jesus Christus, erkennen." Gottes Geist bewirkte in ihm Reue und Buße und er erlebte seine Hinwendung zu Christus. Tiefer Friede und die Freude an Jesus erfüllten nun sein Herz. Mit Eifer war er dabei, in seiner Gemeinde die Menschen unter das Kreuz Jesu Christi zu rufen. Sein Einsatz aber erregte Ärgernis bei anderen Theologen, und erst mit 36 Jahren wurde er ordiniert. Seine Predigten wurden gedruckt und in 14 Bänden erfuhren sie eine weite Verbreitung.

Ludwig Harms' große Vollmacht aber lag in seinem Beten. Er begann den Tag mit einem morgendlichen Gebet und abends beendete er den Tag wieder mit Gebet. Bei jeder Mahlzeit war es ihm wichtig, Gott für sein Essen zu danken. Er betete vor jedem seelsorgerlichen Gespräch, das er führte. Auch vor jeder Predigt in seiner Kirche betete er mit seiner ganzen Gemeinde auf den Knien. Sein Rufen zu Gott war von der Gewissheit getragen: „Der Herr wird mich hören." Wie oft kam er in Schwierigkeiten, wenn seine Missionskassen leer waren. Dann lag er vor Gott und rief ihn um Hilfe an. Ihm war es zur Gewissheit geworden, dass Gott ihn nicht enttäuschen würde. Besonders erlebte er auch wunderbare Krankenheilungen nach Jakobus 5 in der Bibel. Als Pfarrer in Hermannsburg gründete er einen Missionsverein und später die Hermannsburger Mission. Bauern und Handwerker fühlten sich zu diesem Dienst berufen und gründeten in Südafrika christliche Gemeinden. Als er am 14. November 1865 starb, trauerten viele Christen in Hermannsburg. Aber die Arbeit im Reich Gottes hat sich bis in unsere Tage fortgesetzt und hinterlässt auch heute ihre Spuren.

Ein neues Weihnachten in Russland

Es gibt kaum ein Volk, das so sehr unter dem Kommunismus zu leiden hatte wie die Wolgadeutschen in Russland. Dreimal brach über sie eine Woge der Bedrohung herein. 1929 wurden von der russischen Regierung mit dem Fünfjahresplan die Zwangskollektivierung und der Kampf gegen alles Christliche durchgesetzt. Pfarrer, Theologiestudenten, gläubige Lehrer und Bauern wurden verhaftet. Besonders gefährdet waren die Menschen, die die deutsche Sprache sprechen konnten. Sie wurden bis nach Sibirien verfrachtet oder auf der Stelle erschossen. Alle Kirchen wurden beschlagnahmt und als Getreidespeicher, Kinos, Tanzsäle, Benzinlager oder Clubs zweckentfremdet. Es war nur den starken Protesten vieler europäischer Staaten zu verdanken, dass dieser Terror gestoppt wurde.

Eine zweite Verfolgungswelle überrollte die Russlanddeutschen 1941/42. Über 350.000 Menschen mussten ihre Heimat verlassen. Auch sie landeten in Sibirien. Die russische Regierung hatte Angst, dass sich die Wolgadeutschen dem Vormarsch der Deutschen anschließen würden und der sowjetischen Armee so in den Rücken fallen könnten.

Als 1945 die russischen Truppen die deutschen Grenzen überschritten, setzte die dritte Verfolgungswelle gegen die Russlanddeutschen ein. Sie waren zunächst bei dem Vormarsch der deutschen Armee von Adolf Hitler umquartiert und im Warthegau angesiedelt worden. Aber nur 51.000 Menschen war es geschenkt, in Deutschland zu bleiben. Die anderen wurden in Waggons gesteckt und wieder bis nach Sibirien gebracht. Stalin hat diese Wolgadeutschen oder auch Schwarzmeerdeutschen, wie sie genannt wurden, schrecklich terrorisiert. Es durften keine öffentlichen Gottesdienste gefeiert werden. Die Glockentürme der Kirchen wurden entfernt und sogar auf den Friedhöfen schändete man die Kreuze oder andere christliche Symbole. Aber der Glaube an Jesus Christus konnte nicht ausgerottet werden, sosehr die Wolgadeutschen auch verfolgt wurden.

Pfarrer Heinrich Römmich kam mit den deutschen Truppen in das Gebiet der Wolga. Sein Bericht über die Lage dort ist erschütternd. Er schreibt: „Ich habe hier keinen einzigen evangelischen oder katholischen Geistlichen vorfinden können, sosehr ich mich auch darum bemühte. Öffentliche Gottesdienste waren schon lange überhaupt nicht mehr möglich. Alle Kirchen waren vom Staat konfisziert worden. Schrecklich sahen die einst so schmucken Gotteshäuser aus. Auch hier waren die Türme wieder entfernt und die Glocken weggebracht worden. Die Uhren hatte man ausgebaut und an staatlichen Gebäuden angebracht. Auch wenn den Christen großes Leid zugefügt worden war, konnte ihr Glaube an Jesus nicht ausgelöscht werden. Als die deutschen Truppen im Gebiet der Wolga einmarschierten, wurden die Kirchen wieder in die Obhut der Gläubigen zurückgegeben. Die Gemeinden sammelten sich in großer Zahl zum Gottesdienst. Als die Choräle angestimmt wurden, waren die Menschen tief ergriffen. Viele konnten ihre Tränen nicht zurückhalten, weil sie nun erlebten: Wir sind von Gott nicht vergessen worden. Ehepaare ließen sich wieder kirchlich trauen und ihre Kinder taufen und konfirmieren."

Auch der Wehrmachtspfarrer Gottfried Scholkmann, der 1944 gefallen ist, schrieb in einem Brief an seine Frau Ähnliches und wählte dazu die Überschrift „Urchristliches an Weihnachten 1941". Er war in ein kleines Dorf gelangt, das ganz versteckt im Donezgebiet lag. Er berichtete: „Ich habe schon viele ukrainische und russische Dörfer gesehen, aber nirgends war mir solche Armut begegnet. Da wuselten kleine Kinder, Katzen, heranwachsende Jungen und Mädchen, um alte Menschen herum. In großer Zahl huschten Mäuse in den Wohnungen umher. Eimer, Tröge und andere Geräte standen herum, aber ich sah kein einziges Möbelstück, keinen Schrank, keinen Tisch, keine Wiege und kein Bett. Die Kinder und Frauen liefen barfuß und in schmutzigen Kleidern herum. Die Säuglinge waren in Lumpen gewickelt, und überall war ein übler Gestank wahrzunehmen. Aber dann begrüßte mich eine Frau überaus freundlich: ‚Kummt, setzt eich! Was hammer aber for ein Freid noch zur Nacht.' Dann erzählte die Frau in ihrem Dialekt: ‚Von Weihnachten ab hove mer kaum

Brod gehoot – im Frihling gar kaas mej, nie, in keim Johr. Viele sind jedes Johr verhungert … Der Vadder hat sich morschens noch uffgemacht. Aber er war schon geschwulln. Bei Philipps Haus ist er zusammegesunka und war schnell dot.' Pfarrer Scholkmann unterbrach die Frau. Er wollte gern wissen, was aus ihrem Pfarrer geworden war. Die Gläubigen sprachen von ihm wie von einem Heiligen. Er sei von den Kommunisten festgenommen und eingekerkert worden. Wer seine junge Frau aufnehmen und seine Kinder mit Lebensmitteln versorgen wollte, der musste mit dem Tod rechnen. Er hätte auf der Stelle erschossen werden können. Sieben Wochen lang sahen die Dorfbewohner die Pfarrfrau, wie sie durch die Ackerfurchen schwankte und ihre Kinder in etwas Stroh unter dem Himmel bettete. Das Kleinste überlebte diese Strapaze nicht und starb vor den Augen der Mutter. Sie grub ihrem Sohn ein Gräblein auf dem Acker. Danach wich das Leben auch aus ihr. Der Hunger hatte sie total elend werden lassen. Ein Bauer brachte dann das andere nun verwaiste Knäblein zu Verwandten des Pfarrers. Als er aber wieder ins Dorf zurückkehrte, wurde er inhaftiert und kam in ein Straflager. Die Gläubigen berichteten weiter: ‚Ach, das Allerschlimmste is: Mir hove schon 18 Johr kaan Weihnacht mehr gefeiert. Und niemand hat mehr e Biwel und e Gesangbuch. Und kaaner von de deitsche Soldaten, wo mir gefrocht han, is Pastor. Ach, wenn mer doch Weihnachte en Pastor bekomme däte!'"

Bei diesem Satz flog ein leichtes Lächeln über das Gesicht des Pastors. „Es ist ja einer da." Vor Freuden fingen die Christen an zu weinen, und einer von ihnen lief noch in der Nacht zu dem alten Lehrer Philipp Stumpf. Er war 90 Jahre alt und stand in diesem Dorf wie ein Fels in der Brandung. Trotz aller Widrigkeiten hatte er daran festgehalten und nicht gezweifelt, dass der Gottesglaube nicht untergehen würde. Bald würde die Befreiung von den „Roten" kommen. Dann wurde von ihnen allen angestimmt:

O du fröhliche, o du selige,
gnadenbringende Weihnachtszeit.
Welt ging verloren, Christ ist geboren.
Freue dich, o Christenheit!

O du fröhliche, o du selige,
gnadenbringende Weihnachtszeit.
Christ ist erschienen, uns zu versühnen.
Freue, freue dich, o Christenheit.

O du fröhliche, o du selige,
gnadenbringende Weihnachtszeit!
Himmlische Heere jauchzen dir Ehre.
Freue, freue dich, o Christenheit.

Die Menschen ähnelten den Hirten aus der Weihnachtsgeschichte. Am Ende sprach ein alter Mann ganz laut: ‚Herr Pastor! Da stehen die Kinner, die aal gedaaft werde wolle. Und ihr müsst wieder kumme, e ganze Woch, zu daafe, zu preedische und 's Nachtmahl zu halte.‘

Das Wunder in der Heiligen Nacht

Ein Sohn erzählt: Kalt war es in dieser Nacht, bitter kalt. Vor einigen Tagen war mächtig viel Schnee gefallen. Wer jetzt draußen unterwegs war, hatte heftig zu kämpfen, um voranzukommen. Plötzlich klopfte es an Heiligabend an unsere Tür. Noch ahnten wir nicht, welch ein Weihnachtswunder uns zugedacht sein sollte. Von unserer Wohnung in Aachen waren wir in ein kleines Haus in die Ardennen, in der Nähe der belgischen Grenze gezogen. Mein Vater hatte sich hier ein kleines Rückzugsgebiet geschaffen. Dorthin fuhr er im Urlaub oder an den Wochenenden, wenn er auf die Jagd ging. Nun aber wollte er uns mehr Sicherheit vor den Luftangriffen im Rheinland bieten und hatte meine Mutter und mich hierhergebracht. In Aachen warfen die Bomberformationen der Alliierten oft des Nachts ihre todbringende Last ab. Vater selbst konnte nicht bei uns bleiben, sondern musste wieder zurück in seinen Heimatort, um dort Kriegsdienst zu leisten. Als er sich von uns verabschiedete, hatte er mir noch zugerufen: „Pass gut auf Mama auf! Du bist jetzt schon ein Mann. Aber hier im Waldgebiet seid ihr sicherer als zu Hause."

In den vergangenen Tagen hatte nun eine letzte verzweifelte Offensive von deutscher Seite begonnen. Es wurde heftig gekämpft. Wie würde der Krieg ausgehen? Viele Menschen in Deutschland hofften auf Hitlers Wunderwaffe, die den Feind besiegen sollte. Auch in den Wäldern tobte nun die Ardennenschlacht und wir hörten die dumpfen Kanoneneinschläge. Über uns vernahmen wir das tönende Brummen der feindlichen Flugzeuge, und in der Nacht erhellten Scheinwerfer das Dunkel des Himmels. Der Gedanke, dass ganz in unserer Nähe gekämpft wurde und Tausende von Alliierten und Deutschen auf dem Schlachtfeld starben, hat uns viel Angst bereitet.

Plötzlich klopfte es an unsere Tür. Mutter löschte flink die Kerzen am Christbaum aus. Draußen standen zwei Männer mit Stahlhelmen. Gespenstisch sahen sie in der Finsternis des verschneiten Waldes aus. Mutter war schnell herbeigeeilt und einer der beiden Soldaten redete uns in einer Sprache an, die wir nicht verstanden. Dabei zeigte er auf einen Dritten, der vor einem Baum im Schnee lag. Schneller als ich hatte Mutter begriffen, dass es sich um Amerikaner handelte, die Einlass begehrten. Da sie aber unsere Feinde waren, war Mutter verängstigt. Ihre Hand hatte sie auf meine Schulter gelegt. Schweigend trat sie den beiden entgegen. Die Soldaten waren bewaffnet und hätten uns befehlen können, sie in unser Haus einzulassen. Aber sie rührten sich nicht von der Stelle, sondern machten uns durch Gesten und durch ihr Mienenspiel klar, was sie wollten. Der Verwundete schien mehr tot als lebendig zu sein. Mit einer Handbewegung machte Mutter den Fremden verständlich, dass sie eintreten sollten. So trugen sie ihren schwerverletzten Kameraden herein und legten ihn auf mein Bett. Keiner von ihnen brachte ein deutsches Wort über die Lippen. Als Mutter es mit Französisch versuchte, war in dieser Sprache eine Verständigung bruchstückhaft möglich.

Mutter kümmerte sich jetzt um den Verwundeten. „Klaus“, sagte sie zu mir, „die Männer sind total steif gefroren. Hilf ihnen und zieh ihnen die Jacken und Stiefel aus. Dann hol einen Eimer Schnee von draußen herein." So rieb ich ihnen die blaugefrorenen Füße ein. In ihre Beine kam wieder Leben. Jim hieß der eine Soldat mit den schwarzen Locken. Sein Freund – groß und schlank – war Robin. Harry, der Verletzte, lag in meinen Kissen und war eingeschlafen. Sein Gesicht war kreidebleich. Wir erfuhren von ihnen, dass sie ihre Einheit verloren hätten und nun schon drei Tage im Wald rumgeirrt seien. Sie suchten ihre amerikanische Truppe und fürchteten sich vor den deutschen Soldaten. Unrasiert waren sie, und jetzt, da sie die schweren Mäntel abgelegt hatten, sahen sie aus wie große Jungen. Und so behandelte Mutter sie auch. Sie hätten meine Brüder sein können. Mutter verschwand im Hühnerstall und holte den Hahn, den wir für Weihnachten gemästet hatten. Draußen auf dem Hof schlug sie ihm mit einem kleinen Beil den Kopf ab. In der Küche bereitete sie das prachtvolle Tier für eine Suppe zu. Jim und ich halfen ihr dabei.

Robin aber kümmerte sich um Harry. Sein linker Oberschenkel war von einem Schuss getroffen worden und dabei wäre er beinahe verblutet. Mutter holte ein Laken, riss es in Streifen und verband die Wunde.

Von der Küche drang der Duft einer kräftigen Hühnersuppe in die Stube. „In einer Stunde können wir essen", rief mir Mutter zu. „Klaus, deck schon mal den Tisch!" Ich holte gerade die Teller aus dem Schrank, als es draußen wieder an der Tür klopfte. Ich erwartete noch mehr amerikanische Soldaten, die sich im Wald verirrt hatten und nicht mehr wussten, wo sich ihre Einheit befand. Ohne zu zögern, öffnete ich die Tür. Vor mir standen vier Männer in Uniform. Diesmal waren es deutsche Soldaten. Ich war wie gelähmt, denn ich kannte das Gesetz: Wer feindliche Truppen in seinem Haus aufnimmt, begeht Landesverrat. Auf der Stelle hätte man uns erschießen können. Auch meine Mutter war von Angst gepeinigt. Sie war kreidebleich, bewahrte aber die Fassung, trat den vier Soldaten entgegen und sagte in ruhigem Ton: „Fröhliche Weihnachten!" Die Männer erwiderten ihren Gruß und erklärten uns: „Wir haben uns in dieser Gegend verirrt und unsere Einheit verloren. Es ist jetzt Nacht. Wir suchen Unterschlupf bis zum Tagesanbruch. Gewähren Sie uns Einlass?"

„Aber klar", sagte Mutter. Nach außen wirkte sie ruhig, aber in ihr tobte ein Kampf. Wie würde diese fatale Situation ausgehen? „Kommen Sie nur herein. Der Tisch ist schon gedeckt. Sie sind bestimmt hungrig und dürfen unsere Gäste sein. Solange etwas in den Schüsseln ist, dürfen Sie zugreifen. Aber wir haben noch drei verirrte Gäste. Sie sind sicher nicht Ihre Freunde. Heute ist Heiliger Abend, und hier wird auch nicht geschossen."

„Wen haben Sie denn unter Ihrem Dach aufgenommen?", fragte der Unteroffizier, und seine Stimme klang jetzt recht barsch. „Etwa Amerikaner?" Mutter sah die Deutschen mit entschlossenem Blick an. „Sie könnten alle vier meine Söhne sein und auch die andern drei in der Stube. Einer von ihnen ist schwer verletzt und ringt um sein Leben. Seinen beiden Kameraden geht es genauso übel wie Ihnen. Sie haben auch ihre Einheit verloren, irrten im Wald umher und waren erschöpft und hungrig. Heute aber am Heiligabend wird nicht getötet." Entsetzt schaute der Unteroffizier Mutter an und schwieg kurz. Mutter machte der peinlichen Situation ein Ende. „Jetzt ist alles gesagt. Kommen

Sie herein! Ihre Waffen können Sie auf die Holzkiste im Flur legen. Beeilen Sie sich, sonst bleibt von der Suppe nichts mehr für Sie übrig.“ Etwas verstört legten die Deutschen ihre Pistolen, drei Karabiner, ein leichtes Maschinengewehr und zwei Panzerfäuste auf den Kasten, der bis oben mit Feuerholz gefüllt war.

Mutter ging jetzt zu Jim, und in ihrem fehlerhaften Französisch redete sie mit ihm. Dann verstauten auch die Amerikaner ihre Waffen auf dem Schrank. Nun standen sich Freund und Feind etwas verlegen in der Stube gegenüber. Mutter aber war in ihrem Element. Jedem bot sie einen Sitzplatz an und verschwand dann in der Küche. Mich schickte sie in den Vorratsraum: „Klaus, ich brauche noch ein paar Kartoffeln und Haferflocken. Die Jungen werden sicher mächtig Hunger haben.“ Während ich in der Speisekammer nach den Lebensmitteln suchte, hörte ich Harry auf meinem Bett laut stöhnen. Einer der Deutschen trat zu ihm und beugte sich über die Wunde des Amerikaners. „Sind Sie Sanitäter?“, fragte Mutter. „Das nicht, aber ich habe in Heidelberg Medizin studiert. Die Wunde wird wieder zuheilen“, erklärte er dem Amerikaner in fließendem Englisch. „Durch die strenge Kälte ist der Durchschuss nicht infiziert. Aber er hat viel Blut verloren.“ Zu Mutter gewandt meinte er: „Ruhe und ein kräftiges Essen werden ihn wieder auf die Beine bringen.“

Inzwischen war in der Küche alles gekocht. Friedlich, wie mir schien, saßen Freund und Feind in unserer guten Stube dicht beieinander. Alle sieben Gäste waren noch sehr jung. Die beiden Jüngsten gerade mal 16 Jahre und der Unteroffizier 23 Jahre alt. Er holte jetzt aus seinem Brotbeutel eine Flasche Rotwein und einen Laib Brot heraus, den Mutter in Scheiben schnitt und neben die Suppenschüssel stellte. Nur einen kleinen Schluck Wein goss sie in die Gläser. „Der Rest ist für Harry.“ Dann sprach sie das Tischgebet: „Komm, Herr Jesus, sei du unser Gast und segne, was du uns bescheret hast.“ Die Soldaten schienen von der Gastfreundschaft bewegt zu sein. Sie fanden wie Kameraden zusammen.

Gegen Mitternacht forderte Mutter ihre Gäste auf, mit ihr vor die Tür zu kommen. „Schaut gen Himmel! Sirius ist der hellste Stern und wird auch der Stern von Bethlehem genannt." Rührend kümmerte sie sich um Harry, der aus seinem Schlaf erwacht war. Sie flößte ihm Suppe und hernach etwas Wein ein. Das stärkte ihn.

Am nächsten Morgen wurde aus zwei Stöcken und einem Tischtuch eine Tragbahre für Harry gezimmert. Der Unteroffizier erklärte den Amerikanern auf einer Karte den Weg: „Ihr müsst immer am Bach entlang gehen. Am Oberlauf werdet ihr auf die erste Armee stoßen. Sie hat sich dort neu formiert." Der Mediziner übersetzte alles. Mutter drückte ihnen dann die Waffen in die Hand. „Seid vorsichtig, Jungs. Das nächste Weihnachtsfest sollt ihr nämlich zu Hause bei euren Familien feiern. Da gehört ihr hin. Gott behüte euch!"

Die Deutschen und Amerikaner gaben einander die Hand und Mutter sah ihnen nach, bis sie in entgegengesetzter Richtung verschwunden waren. Nach einer Weile kehrte ich in die gute Stube zurück. Mutter hatte erst jetzt die Zeit gefunden, die alte Familienbibel aufzuschlagen. Sie las die Weihnachtsgeschichte und war bei dem Bericht von den drei Weisen aus dem Morgenland angekommen. Von weit her waren sie angereist, um dem Jesuskind ihre Geschenke darzubringen und den Gottessohn anzubeten. Dann hieß es wörtlich: „Und sie zogen wieder über einen anderen Weg in ihr Land zurück."

Der Pastor in seinem Fischerdorf

Soll dieses kleine Fischerdorf hoch im Norden Schwedens für immer mein Arbeitsplatz bleiben? Das fragte sich Pastor Petersen. Begeistert war er von seiner ersten Pfarrei nicht. Die Gegend war recht einsam. Im Winter waren die Wege tief verschneit. Da gab es kein Fortkommen, wenn er mal in die Stadt wollte, in der seine Eltern und Geschwister wohnten. Außerdem war der Besuch seiner Gottesdienste denkbar schlecht. Drei Leute saßen verstreut in den Kirchenbänken: seine Haushälterin, die bucklige Marie, der alt gewordene schwerhörige Fischer Sven und das fromme Mädchen Christina aus seiner Nachbarschaft. Sie fehlte nie. Aber lohnte es sich, halbe Nächte über der Predigt zu sitzen, wenn es nur drei oder vier Zuhörer gab? Während seine Pfarramtskollegen in den Städten in überfüllten Kirchen sprachen, musste er sich mit noch nicht einmal einer Handvoll Menschen begnügen. Auch wenn er sich mächtig anstrengte, viele Krankenbesuche machte und kraftvoll das Evangelium von der Auferstehung an den Gräbern verkündigte, schienen seine Worte keinen Hund hinter dem Ofen hervorzulocken. Das bedrückte den jungen Pfarrer sehr.

Aber an diesem einen Sonntag in der Adventszeit sollte es anders werden. Die Fischer waren heute nicht hinaus aufs Meer gefahren, wie sie es sonst taten. Ihre Boote lagen vertäut am Strand. Schon von alters her war es im Norden Schwedens Sitte – und nicht nur hier, sondern auch in anderen Gotteshäusern Europas – ein Schiff im Innern aufzuhängen. Das machten sie z. B. auch in der Kathedrale in Marseille und in der Fischerkirche in Lübeck. Man wollte damit ein Zeichen setzen und dem Seegott ein Opfer bringen, damit er sich damit zufriedengäbe und die Schiffe immer vor Stürmen bewahrt in den Hafen zurückfanden. Bis in unsere Tage hatte sich dieser alte Brauch erhalten. Aber dem jungen Pastor war nicht wohl dabei. Das waren doch heidnische Bräuche, die rein gar nichts mit dem Evangelium zu tun hatten. Je länger er darüber nachdachte, desto unglücklicher wurde er. Aber hatte er das Recht, seiner Gemeinde diesen Wunsch abzuschlagen, sie zu enttäuschen und sie daran zu hindern, in einem feierlichen Zug in die Kirche einzumarschieren und das Schiff an der Decke aufzuhängen? Das traute er sich doch nicht.

Am Fischereihafen hatte sich der Festzug schon formiert. Unter Trompetenklang setzte er sich Richtung Dorfmitte in Bewegung. Mehrere Männer trugen auf ihren gebeugten Rücken das Schiff. Sogar die Sonne hatte sich aus den Wolken hervorgeschoben und stellte den Festzug in ihren Glanz. Wunderschön sahen die Frauen in ihren alten Trachten aus. Die bunten Bänder an ihren Gewändern flatterten lustig im Wind. Der Pastor erwartete schon das Schiff und stand wie ein Fels in der Brandung vor seiner Kirche. Und doch war ihm elend zumute. Sicher würden sich heute alle Kirchenbänke füllen, denn der Zug war lang. Alt und Jung und viele Kinder gaben ihm ein fröhliches Geleit. Als die Fregatte die Kirchentür erreicht hatte, setzte die Orgel ein. Die Fischer nahmen ihre Hüte ab und beugten sich ehrfürchtig, als der Pastor am Eingang zum Gotteshaus die Segensworte über ihnen aussprach.

Staunend betrachteten sie ihr Meisterwerk,

das sie selbst gebaut hatten und das nun seinen Platz im Kirchenschiff finden würde. Einer der Fischer, Sören, hatte sie fachmännisch angeleitet, und sie alle ließen sich bei dieser wichtigen Aufgabe einspannen. Die weißen Segel, die Mastbäume und die Decks zogen die Bewunderung der Gottesdienstbesucher auf sich. Alle waren stolz auf ihre neue Errungenschaft und starrten auf den Ehrenplatz, wo das Schiff festgetäut und dann bis zur Decke hochgezogen wurde. Nach einer größeren Anstrengung hing es nun in all seiner Pracht und Herrlichkeit und stahl dem am Kreuz festgenagelten Christus die Schau. Die weihnachtliche Musik trieb den Frauen die Tränen in die Augen. So gerührt waren sie. Nun betrat der Pastor die Kanzel. Man merkte ihm die innere Erregung an.

Kreidebleich schaute er auf seine Gemeinde. Viele von ihnen hatte er noch nie zuvor zu Gesicht bekommen. Nur die Kinder, deren Augen jetzt strahlten, kannte er, denn in der Schule erteilte er noch den Religionsunterricht. Fast die halbe Nacht hatte er an seiner Predigt gesessen. Er wollte über die Sündhaftigkeit der Menschen und die Gnadenmittel sprechen. Sollte er noch etwas zu dem Schiff und dem festlichen Ereignis des Tages sagen? Das Predigen wollte ihm schwerfallen. Aber auf einmal blinkte in seinem Herzen ein Licht auf, gerade in dem Augenblick, als der Küster die Kerzen am Altar entzündete. Ihm wurde so eigentümlich warm und wohl ums Herz. Ein nie zuvor gekanntes Gefühl der Freude und Zuversicht durchströmte ihn und gab ihm die Gewissheit, sein ausgearbeitetes Konzept zur Seite zu schieben. Der junge Pastor begann seine Rede, wie er es noch nie zuvor getan hatte, einfach aus dem Stegreif. Er sprach vom Schiff in der Kirche, in dem sie alle als eine innig verbundene Gemeinschaft säßen. Der König aller Könige habe das Ruder fest in der Hand und lenke das Schiff durch alle Wirrnisse und Strömungen. Kein Riff und keine Brandung sollte ihm zur Gefahr werden. Die Blässe auf seinem Gesicht schwand und im Feuer seines Eifers färbten sich seine Backen rot. Er richtete die Gedanken seiner Besucher weg von dem Schiff und hin zu dem rauen und oft so gefahrvollen Leben, wie es die Fischer zu erdulden hatten. Es war ihm zumute, als stünde er am Hafen und würde zu seinen Gemeindegliedern sprechen. Es wurde ihm bewusst, dass seine Predigt über die Sündhaftigkeit hier fehl am Platze gewesen wäre. Die Fischer hier im Norden Schwedens hatten keinen leichten Stand. Sie mussten sich für ihren Broterwerb abrackern und waren Wind und Wetter ausgesetzt. Sie hatten es nicht leicht, ihren vielen Kindern ein einigermaßen sorgenfreies Leben zu bieten. Diese Männer hatten sich die Mühe gemacht, ihrer Kirche ein Schiff zu stiften. Das war ein rechtes Opfer.

Wie konnte er der christlichen Gemeinde anders danken, als ihr zuzurufen: Liebet einander, haltet treu zusammen mitten in den Stürmen des Lebens! Die in der Nacht ausgearbeitete lehrhafte Predigt war vergessen. Der Pfarrer wollte nur noch die Sprache seiner Fischer sprechen. So gebrauchte er Worte wie Ankerplatz und Schaluppe. Er nahm seine Gemeinde hinein in die Welt des himmlischen Fischfangs und malte ihnen das Bild des göttlichen Kapitäns vor Augen, der über allen anderen Kapitänen dieser Welt steht. Und dann schloss er seine Predigt mit den Worten: „Und wenn uns dereinst der große Kapitän ruft: ‚Fischersleut, seid ihr alle da?‘, dann soll keiner diesen Ruf überhören: ‚Alle Mann an Deck!‘“

Die Gottesdienstbesucher hatten noch nie eine solche Predigt von ihrem Pfarrer gehört und waren erstaunt. Sie schauten sich gegenseitig an, nickten und drückten damit ihr Einverständnis mit ihrem Pastor aus. Es war das erste Mal, dass er sie in ihrer eigenen Sprache angesprochen hatte. Während der Pfarrer ihnen dann mit kräftiger Stimme am Ende des Gottesdienstes den Segen zusprach, bewegte ihn der Gedanke: Ist nicht auch Petrus ein Fischer gewesen, als Jesus ihn in seine Nachfolge rief? Am Weihnachtstag aber waren wieder alle Bewohner des Dorfes im Gotteshaus versammelt. Allgemein wurde gemunkelt, sie seien nur gekommen, um ihr Schiff zu sehen. Doch der Pastor wusste es besser. Er hatte den Schlüssel zu den Herzen seiner Gemeindeglieder gefunden. Seine Fischersprache war die Brücke zur lebendigen Gemeinschaft mit ihnen geworden.

Weihnachten für uns Arme

Schon als junger Mensch hat mich die Heilsarmee tief beeindruckt. Mehrere Male habe ich sie kennenlernen dürfen und sie mir zum Vorbild genommen. Sie setzt in die Tat um, was Jesus uns in seinem Wort sagt: „Was ihr getan habt einem von diesen meinen geringsten Brüdern, das habt ihr mir getan.“ Übrigens ist dies auch mein Konfirmationsspruch. Die Heilsarmee nimmt die Menschen an, ganz gleich, welcher Rasse, welcher Nationalität oder sozialen Schicht sie angehören, und verwirklicht das Gebot der Nächstenliebe. Auch ich versuche, die Menschen so zu sehen, wie Gott sie sieht. Jeder ist ihm wertvoll. So habe ich mich schon früh der Armen, Obdachlosen, Entrechteten angenommen, obwohl ich mir eingestehen muss, dass der Kreis derer, denen ich helfen konnte, recht gering ist. Unterstützt werde ich von meiner Familie, die mich ermutigt, zu helfen und Gutes zu tun. Nur zwei kleine Beispiele will ich erwähnen.

Unser Sohn war zum Wehrersatzdienst im Krankenhaus Sachsenhausen in Frankfurt eingesetzt. An Heiligabend hatte er bereits seine Arbeit verrichtet und war nun auf dem Weg nach Hause in sein möbliertes Zimmer. Als er über den Eisernen Steg ging, sah er unter der Brücke, nahe dem Römer, einen Obdachlosen. Es war bitterkalt. Die Temperaturen waren auf minus 15 Grad gesunken. Johannes ging auf den Mann zu und sprach ihn an: „Warten Sie hier, ich komme gleich wieder zu Ihnen. Ich will Ihnen helfen. In einer halben Stunde bin ich zurück." Dann lief er eilenden Schrittes los und holte aus seinem Schrank den neuen Schlafsack hervor. Mit erstaunten Augen nahm der junge Tippelbruder das schöne Geschenk an. Er war sehr überrascht und bedankte sich sogar. In den kommenden kalten Nächten brauchte er nicht zu frieren.

Nun ein weiteres kleines Beispiel. Mareike, unsere Enkeltochter, studiert in Boston in den USA. Die Not der Armen dort ist riesengroß. An einem Tag der Woche arbeitet sie ehrenamtlich in einer Suppenküche. Sie hilft dort beim Kartoffelschälen, bedient die Gäste, räumt die Tische wieder ab und spült das Geschirr. „Oma", erklärte sie mir, „es macht mich glücklich, wenn ich Familien, oft mit mehreren Kindern, bei uns im Saal sitzen sehe. Mit einigen habe ich sogar eine freundschaftliche Verbindung aufgebaut.“ Die Dankbarkeit dieser Menschen macht sie froh.

Auch durch unser Haus sind schon viele Obdachlose gegangen. Ich habe mich jedes Mal gefreut, wenn ich ihnen helfen konnte. Matratzen, Decken und Bettzeug halte ich immer parat. Einige freuen sich, wenn ich ihnen ein Bad richte und reichlich Duschgel, Shampoo und Handtücher bereitlege. In einer Kommode liegt frisch gewaschene Unterwäsche. So kann ich immer aushelfen.

Ein junger Mann mit Namen Peter hatte schwere Alkoholprobleme. Er fragte mich einmal, als er geschniegelt und gebügelt aus dem Badezimmer kam und sich zu mir an den Küchentisch setzte: „Sag mal, willst du jetzt nicht meine Mutter sein? Meine Mama ist vor vier Monaten gestorben, und nun bin ich ganz allein.“ Peter blieb dann auch fast zwei Jahre bei uns, bis er in ein betreutes Wohnen ziehen konnte. Er war wirklich in vielem wie ein Kind und für jede Hilfestellung recht dankbar. Eines Morgens entdeckte mein Mann im gepflegten Garten unseres

Nachbarn zwei leere Bierflaschen. Schnell sprang er über den Zaun und entsorgte sie. Krach mit den Nachbarn wollten wir natürlich vermeiden. Peter hatte sie einfach in hohem Bogen in die Rosenbeete geworfen. Oft wollte er von mir Geld borgen, denn sein Portemonnaie war meist leer. Aber diese Bitte habe ich ihm nicht erfüllt. Ich erklärte ihm: „Peter, wenn du hungrig bist, kannst du dich gerne bei uns an den Tisch setzen. Wo sieben satt werden, wird auch ein Achter satt. Aber Geld kann ich dir nicht leihen. Du würdest es mir nicht zurückgeben können, und dann ginge unsere Freundschaft in die Brüche."

„Vielleicht hast du sogar recht, Mama", war seine Antwort.

Die schönste Aufgabe, die Gott mir anvertraut hat, ist die Feier an Heiligabend, die ich für Einsame, Heimatlose, Tippelbrüder, Asylanten und sonstige Bedürftige organisiere. Schon zum 48. Mal haben wir in diesem Jahr Weihnachten mit weit über 150 Gästen gefeiert. Ich sinke nach diesem Fest am Heiligabend todmüde in mein Bett, aber ich bin überglücklich. Zu meiner Aufgabe gehört es, vier Eimer Kartoffelsalat zu richten und 200

Würstchen zu bestellen. Für meinen Mann und mich bedeutet das, um vier Uhr morgens aufzustehen. Aber solch ein Morgen ist von Gott gesegnet. Oft übernehme ich bei unserer Feier auch die Verkündigung des Evangeliums. Dann ist es immer totenstill im Raum und alle hören gern diese wunderbaren Geschichten vom Jesuskind, wie sie uns heute noch eindrücklich sind.

Weihnachten ist das schönste Fest, zu dem uns Gott einlädt. Sein Sohn Jesus hat den Himmel verlassen, wurde in unsere Welt geboren und wir dürfen seinen Geburtstag feiern und noch viele andere dazu einladen. Dann wird mein Herz immer weit und warm.

Aber nun will ich von dem Obdachlosen bei der Heilsarmee erzählen. In einem Buch fand ich eine besonders interessante und von Herzlichkeit erfüllte Geschichte. Sie hat mich tief berührt. Ich muss sie einfach nun mit meinen Worten, so wie sie mir in Erinnerung geblieben ist, berichten. Schon ihr Titel ist bemerkenswert und interessant: „Wie die Liebe Gottes durch ein Schweinekotelett zu einem Menschen kam.“ Im Folgenden berichtet ein Tippelbruder, den ich Pierre nennen will:

Was ist das für ein Glück, dass ich an diesem kalten Wintertag ein warmes Plätzchen bei der Heilsarmee gefunden habe. Draußen weht ein heftiger Wind, und das Thermometer zeigt schon auf minus 15 Grad. Bei dieser Eiseskälte lockt man keinen Hund hinter dem Ofen hervor. Ich setze mich ganz dicht an den Kamin heran. Hier ist noch ein Platz frei, und ein Teller steht auch schon vor mir. Aus der Küche steigt ein herrlicher Bratengeruch in meine Nase. Die frommen Soldaten haben wirklich ein weites und liebevolles Herz für uns Brüder der Landstraße. Wie gut, dass ich ihnen ins Netz gegangen bin, als sie uns Hungrige im Park zum Weihnachtsessen eingeladen haben. Solch eine Chance lässt man sich nicht entgehen. Als ich sie in meiner etwas vorlauten Art frage, warum sie uns als Gäste zu ihrer Feier einladen, bekomme ich nur zur Antwort: „Jesus hat uns geboten: Geht auf die Straßen und Gassen der Stadt und führt die Armen, Kranken und Krüppel herein." Ich kenne die Worte aus diesem Gleichnis vom Großen Abendmahl schon seit Kindertagen. Meine Großmutter hat mir diese Geschichte aus der Kinderbibel vorgelesen.

Mir sind die Worte Jesu seitdem nie mehr aus dem Gedächtnis entschwunden. Nun warte ich, bis die riesigen Töpfe und Schüsseln hereingetragen werden. Ich bin wirklich hungrig wie ein Wolf. Man hat uns schon gesagt, dass nach der heißen Suppe noch ein Schweinekotelett mit Kartoffelbrei und Salat folgen wird. Ein richtiges Festessen ist für uns angerichtet. Ich schnuppere herum, um zu prüfen, ob diese Ankündigung auch wahr ist. Meine Nase verrät mir, dass es stimmt. Nun wird die Suppe eingeschöpft. Sie ist wunderbar heiß und wärmt meine kalten Glieder von innen.

Es ist nur schade, dass mein Freund Marcel nicht dabei ist. Er liegt schwer krank bei seiner Tochter in der Wohnung. Früher haben wir manche Nacht gemeinsam auf Parkbänken oder unter Brücken zugebracht. Als Tippelbrüder waren wir uns im Wald begegnet und wir hielten zusammen wie Pech und Schwefel. Viel haben wir miteinander erlebt: Frohes und Schönes, aber auch Bedrohliches und Schweres. In zerlumpten, verlausten und schmutzigen Kleidern zogen wir durch die Welt. Fanden wir einen Bach, dann haben wir uns manchmal darin gewaschen und fühlten uns hernach wie neugeboren. Gerne haben wir auch in Flüssen gebadet. Wie oft knurrte uns der Magen und raubte uns den Schlaf, wenn wir an den Haustüren abgewiesen wurden. Aber das Zigeunerleben bot uns auch viel Abwechslung.

Nur in der letzten Zeit geht es Marcel gesundheitlich sehr schlecht. Einmal musste ich ihn sogar in ein Krankenhaus bringen, weil ich Angst hatte, er könnte mir unter den Händen wegsterben. Zehn Tage lag er in einem schneeweißen Bett und musste nun auch nicht mehr frieren. Die Schwestern haben ihn sogar gebadet, ihm frische Wäsche zum Anziehen gebracht, und morgens, mittags und abends stand ein schmackhaftes Essen auf dem Nachttisch. Marcel genoss diese Zeit, aber nach zehn Tagen war die Herrlichkeit vorbei, denn er wurde entlassen und sein Abstieg begann von Neuem. Als es mit seiner Erkrankung schlimmer wurde, kroch er in das Haus seiner Tochter. Aber so schön und sauber wie im Krankenhaus war es dort nicht. In der Dachkammer war es recht kalt und die Bettdecke dünn. Auf einer Matratze schlief er auf der Erde. Er fror mächtig. Ihm half nur, dass er in einem Altkleidersack auf dem Dachboden ein paar Lumpen fand, die er über seine steifen Glieder ausbreitete. Manchmal packte ihn der Zorn, dass seine eigene Tochter ihm keine andere Bleibe anbot, wo doch das Haus sieben Zimmer hatte. Beschwerte er sich bei ihr, dann warf sie ihm vor: „Du hast dir das selbst zuzuschreiben. Dein Elend hast du dir selber eingebrockt. Hättest du dich in jungen Jahren nicht ständig in den Kneipen herumgetrieben und dich mit Schnaps abgefüllt, ginge es dir heute besser." Solche Redensarten verletzten ihn noch mehr, obwohl sie recht hatte.

Plötzlich wird Pierre durch die Soldaten der Heilsarmee in seinen Gedanken aufgeschreckt. Sie haben angefangen, die Koteletts auf den Tellern zu verteilen. Ein Stups in den Rücken von seinem Nachbarn hat ihn in die Wirklichkeit zurückgeholt. „Na Alter, willst du denn kein Kotelett?" Er fährt aus seinen Träumen auf und sagt sich: „Jetzt kommt das Beste, was es für mich geben kann. Ich kann mich gar nicht mehr daran erinnern, wann ich das letzte Mal ein Kotelett gegessen habe, dazu noch ein so schön braun und knusprig gebratenes. Es füllt fast den ganzen Teller aus." Ein Lächeln lässt sein Gesicht fröhlich erstrahlen. Eine so wunderbare Gelegenheit darf man doch nicht verschlafen. Ein Kotelett dieser Art können sich sonst nur die Betuchten erlauben. Dann bringt die Bedienung noch goldgelben Kartoffelbrei in einer Schüssel herein. Pierre fühlt sich fast wie im Paradies. Im Saal wird es ganz still, und man hört nur noch das Klirren von Messern und Gabeln. Die Zufriedenheit der Gäste ist förmlich zu spüren, die sich gierig auf das Essen stürzen.

Nur Pierre sitzt still da und überlegt. Er isst nichts, sondern holt aus seiner Jacke ein altes Stück Zeitungspapier, blickt schnell erst nach rechts und dann nach links, damit ihn keiner sieht, und wickelt sein Kotelett darin ein. Ein Handgriff genügt und das kostbare Stück ist in seiner Hosentasche verschwunden. Es gehört doch ihm, und somit kann er damit auch machen, was er will. Aber es fragt ihn auch niemand danach. Höchstens das Küchenpersonal hätte sich wundern müssen, wo denn der Knochen von diesem Teller geblieben ist. Der Kartoffelbrei schmeckt hervorragend. Gleich zweimal greift er mit der Schöpfkelle in die Schüssel, dabei steigt ihm der köstliche Bratengeruch in die Nase.

Zufrieden wartet er auf die Dinge, die noch folgen werden, und nimmt auch gern an der Verkündigung der Feier teil. Die Geburt des Jesuskindes im Stall von Bethlehem berührt sein Herz. Wie arm müssen Maria und Joseph gewesen sein, dass ihr Kind in einer Krippe liegen musste. Sollte der Gottessohn wirklich ihm zuliebe den Himmel verlassen haben, damit auch er in Jesus einen guten Freund für sein Leben haben sollte?

Bis zum Ende der Feier kann er nicht bleiben. Er muss unbedingt zu Marcel. Eine schreckliche Unruhe überkommt ihn, und so schleicht er sich leise und unauffällig dem Ausgang zu. Er eilt zum Haus von Marcels Tochter, steigt die steile Treppe bis zum Dachgeschoss nach oben und öffnet die Tür. Marcel liegt im Dunkel, ganz allein. Frostig ist es in dieser Bude, und vor Kälte klappern seinem Freund die Zähne. Er stöhnt leise und flüstert: „Mach das Licht an. Die Streichhölzer liegen dort auf dem Kamin. Pass auf und stoß dich nicht in dieser Enge!"

„Sorg dich nicht, ich kenne mich bei dir aus. Wir zwei gehören doch zusammen.

Marcel, heute ist Weihnachten. Ich bring

dir eine gute Nachricht. Unser Erlöser Christus ist geboren. Heute ist Heilige Nacht, die Nacht, in der Jesus auf unsere Welt kam. So haben es mir die Heilsarmisten erzählt."

„Bist du verrückt geworden? Denkst du etwa, ich interessiere mich noch für den Kalender und was das für eine Nacht sein mag?" Der schwache Lichtschein lässt das armselige Lager des Kranken im Halbdunkel. Dieses Elend hier soll wohl vor den Augen der anderen verborgen bleiben. Die Not ist doch zu unbarmherzig.

Pierre setzt sich auf einen kleinen Hocker, der in der Nähe der Matratze steht, und schaut in das von Schmerzen gequälte Gesicht seines Kumpels. Sein Herz ist vom Anblick seines leidenden Freundes berührt. Blutleer sind seine Lippen und sein Gesicht ist eingefallen. Die Nase wirkt noch spitzer als sonst und tritt hässlich hervor.

„Marcel, ich habe dir etwas Gutes mitgebracht. Du wirst nie erraten, was das ist", sagt er in einem anheimelnden Ton, fast so wie eine Mutter zu ihren Kleinen, wenn sie sie tröstet. „Es ist mir egal, was du mir mitbringst."

„Nein, das ist dir nicht egal." Dabei wickelt er das Kotelett aus dem Papier. „Ein richtiges Schweinskotelett. Heute ist doch Weihnachten."

„Wie, ein Kotelett?"

„Ja, sag' ich doch. Mach die Augen auf und sieh!" Marcel scheint munter zu werden. Seine Augen werden lebendig und seine Hände greifen begierig nach dem Papier. Er kann es zunächst gar nicht fassen, was er da in Händen hält. Er versucht sich aufzurichten und Pierre packt ihn dabei unter den Armen und hilft ihm. Jetzt ist auch Marcel vom köstlichen Duft und vom Anblick des knusprigen Fleisches ergriffen. Die Tränen rollten ihm über das Gesicht.

Pierre sieht ihn etwas verwundert an. „Marcel, warum weinst du? Denkst du an bessere Zeiten?"

„Ich muss nur an früher denken. Wie lange ist es her, dass ich ein so toll gebratenes Kotelett in den Händen gehalten habe. An Festtagen hat uns Mutter damit verwöhnt. Aber lang, lang ist's her."

„Bleib nicht an alten Erinnerungen hängen, sondern iss jetzt."

Marcel will sich das Kotlett zwischen seine Zähne schieben.

„Halt, warte! Du bist ja immer noch ein Heide. Du willst dir das Essen schmecken lassen, ohne zu beten. Bei der Heilsarmee beten sie immer vor dem Essen."

„Ich kann kein Tischgebet, dann sprich du es."

Pierre faltet seine Hände. „O, Herr Gott, Marcel will dir für deinen Sohn danken, den du auch für ihn zu Weihnachten geschenkt hast, und für dieses Kotelett. Amen!"

„Meinst du, dass das genügt?"

„Auf dein Herz kommt es an, nicht auf viele Worte, mein lieber Freund. Gott versteht dich schon."

„Meinst du, dass er mir das Kotelett geschickt hat?"

„Ja, natürlich, so wie er auch Jesus zu uns Menschen geschickt hat, um uns zu lehren, damit wir seine Liebe begreifen. Wir wären doch sonst ganz arme Teufel."

„Verspürst du denn schon die Liebe von Gott? Ich denke oft, er hat uns Arme vergessen, wie auch ich ihn vergessen habe."

„Und das Kotelett, das er dir heute an Weihnachten gebracht hat, das kommt doch von ihm. Sei nicht so undankbar."

„Hat dir dein Kotelett auch so gut geschmeckt?“ Pierre schweigt. Diese Frage erübrigt sich für ihn.

Marcels Augen glänzen und auf seinem Gesicht verbreitet sich ein genießerischer Zug. „Du bist ja auch ein Leckermaul, Pierre. Aber jetzt geh wieder. Ich bin so müde.“

„Ach, mein armer Freund, mach deine Augen zu und schlafe. Morgen komme ich wieder zu dir und will sehen, wie es dir geht.“ Er packt seinen Kumpel noch gut in die Decke ein, schüttelt sein Kissen auf und geht dann leise die Stufen hinab. Als er früh am nächsten Morgen ins Haus tritt, um nach seinem Freund zu schauen, stößt er mit dessen Tochter auf der Treppe zusammen. Ihr Gesicht ist sehr mürrisch und abstoßend. „Was macht Marcel? Wie geht es ihm?“, fragt er sie.

„Er ist nicht mehr da. Tot ist er.“

„Wann ist er denn gestorben?“

„Heute früh. Er war wohl schon halb verrückt im Kopf. Er hat immerzu ‚Jesus!‘ gerufen. Ich habe nicht gewusst, dass er fromm war. Dann hat er noch von einem Kotelett erzählt. Aber ich habe schon immer geahnt, dass er im Kopf nicht ganz klar war.“

Pierre geht still die Treppe von der Dachkammer hinunter. Traurigkeit beschleicht ihn, aber auch eine stille Freude. In seinem Herzen singt etwas. Die letzte Nacht seines Kameraden ist durch Gottes wunderbare Gnade, die sich an Weihnachten allen Elenden und Enttäuschten zuwendet, hell geworden. Dazu hat wohl auch sein Kotelett von der Heilsarmee beigetragen.

Der Liebling von Pastor Bodelschwingh

Von Pastor von Bodelschwingh hörte ich eine wunderbare Begebenheit aus Bethel, der Stadt der Kranken. Es geschah in Patmos. Das war ein Haus, in dem besonders schwerkranke Kinder untergebracht waren. Unter diesen Kleinen lebte auch sein besonderer Liebling. Seine Eltern hatten ihn August genannt. Er war von Geburt an taubstumm, er konnte also weder hören noch reden. Bei der Weihnachtsfeier setzten ihn die Diakonissen immer vorn in die erste Reihe, damit er wenigstens die wunderbare Krippe und den herrlichen Tannenbaum aus der Nähe sehen konnte. Aber an einem Weihnachtsfest wunderte sich Pastor Bodelschwingh. Seinen kleinen Freund konnte er nicht in der Menge der Gottesdienstbesucher erkennen. Schließlich entdeckte er ihn ganz hinten, wo eigentlich die Mitarbeiter saßen. Das wunderte ihn, und er fragte die Hausmutter: „Warum haben Sie den August in die letzte Reihe gesetzt? Da kann er doch fast gar nichts sehen."

„Herr Pastor, diesen Platz hat er sich selbst ausgesucht. Vor einigen Tagen war eine Diakonisse krank geworden. August hat dies gleich mit seinen wachen Augen gemerkt, denn ihr Platz war bei der Andacht leer geblieben. So dachte er, dass die Schwester wohl faul sei und deshalb nicht in die Kirche gekommen wäre. Er machte sich sofort auf den Weg in ihr Zimmer und fand sie im Bett liegend. Mit seinen kleinen Patschhändchen wollte er ihr bedeuten, sie solle sofort aufstehen. Erst als man ihm das Thermometer zeigte, gab er sich zufrieden. Er hatte begriffen, dass die Schwester nicht faul, sondern wirklich krank war, denn das Fieber war hoch. Leise verließ er sie.

Während der Weihnachtsfeier setzte er sich auf den Platz, an dem sonst die kranke Diakonisse gesessen hatte. Sie betreute nämlich immer zwei kranke Kinder. Aber nun übernahm er den Dienst der Liebe.

Als der Pastor diese Geschichte hörte, war er sehr bewegt. Dieses arme, schwache, taubstumme Kind erkannte, wie nötig es gebraucht wurde. Es verzichtete auf seinen Platz in der ersten Reihe, um die beiden besonders schwachen Patienten rechts und links von ihm zu beaufsichtigen. Bodelschwingh dachte: Die großen, gesunden Leute drängen oft nach vorn, damit ihren Augen nichts von der Feier entgeht. Aber dieser taubstumme Achtjährige übernimmt ganz selbstlos den Liebesdienst an seinen noch schwächeren Mitpatienten. Ohne lange hin und her zu überlegen, hat er seine Kraft den noch Ärmeren zur Verfügung gestellt. Ist das nicht tätige Liebe, die uns allen zum Vorbild dienen sollte?

„Heute sind Sie mein Engel"

Es war kurz vor Weihnachten. Aus Erfahrung weiß ich, dass diese Zeit besonders von selbstmordgefährdeten Menschen schwer zu verkraften ist. Während andere sich auf dieses Fest freuen, Geschenke kaufen, ein festliches Essen planen, ihre Häuser schmücken und Besuche machen, fallen Depressive in ein Loch. Die Schwermut legt sich wie eine Felswand auf ihr Gemüt und sie sehen keinen Funken von Freude und Zuversicht für ihr Leben. Kommen dann noch widrige Umstände hinzu wie eine verpatzte Prüfung, die Trennung von einem Partner, der Verlust des Arbeitsplatzes oder eine schlimme Krankheit, haben solche Menschen keinen Funken Hoffnung mehr. Es kommt für sie nur noch Selbstmord in Frage. Über 25 Jahre habe ich ehrenamtlich bei der Telefonseelsorge gearbeitet und war für diese Art von Problemen durch manche nächtlichen Erfahrungen hellhörig geworden. So ließ ich mich durch Schulungen besonders zur Beraterin in Suizidfragen ausbilden.

An einem Abend rief eine recht jugendliche Stimme die Nummer 0800 111 0111 an. Zunächst schwieg sie lange. Nur bruchstückhaft erreichten mich ihre Worte: „Ich lebe in der Nähe von Stuttgart und habe eben mit meinen Eltern telefoniert. Ich wollte gerne über Weihnachten zu ihnen kommen. Alle meine Kumpels vom ‚Betreuten Wohnen' sind zu ihren Eltern oder anderen Verwandten nach Hause gefahren. Auch ich wollte nicht allein über die Festtage in der Bude hocken. Mit meiner Mutter kam es zu einem Streit. Sie war verärgert über mich, denn schon zwei Monate zuvor war es wegen einer Lappalie mit ihr zum Krach gekommen. Sie warf mir an den Kopf: ‚Anja, wir haben viel Geld in dich investiert, aber du hast die Schule abgebrochen und wolltest den Beruf zur Erzieherin anfangen, hast dann aber wieder kurz vor der Prüfung die Brocken hingeworfen. Wir unterstützen dich nicht mehr finanziell, wenn du dich nicht zum nächsten Prüfungstermin meldest. Setzt dich endlich auf den Hosenboden, hol deine Bücher hervor und lerne, was dir aufgegeben ist. Du kannst uns nicht ewig auf der Tasche liegen. Andere junge Menschen stehen doch auch auf eigenen Füßen. Du aber flüchtest dich immer, wenn du etwas leisten sollst, in eine Krankheit hinein. Mir reichen die Querelen, die wir mit dir haben. Wir wollen uns das Fest nicht schon wieder verderben lassen, wie zur vergangenen Weihnacht. Zeig endlich Leistung, denn du bist nicht dumm. Dann können wir wieder miteinander reden.'

Mit diesen Worten legte meine Mutter den Hörer auf. Jetzt hocke ich allein in der fremden Großstadt und weiß nichts mit mir anzufangen. In meinem Badezimmerschrank habe ich eine Menge Medikamente gehortet. Ich schlucke sie mit einem Glas Wein hinunter und dann sage ich dieser Welt, die mich jeden Tag so enttäuscht, ade."

„Nein, das werden Sie nicht tun!", schaltete ich mich energisch ein. „Ihr Leben ist wertvoll, und das wirft man nicht einfach weg wie einen alten Lumpen. Wir finden eine Lösung für Ihre Probleme."

„Wertvoll, sagen Sie? An mir ist gar nichts wertvoll. Für meine Eltern bin ich nur ein Klotz am Bein, ein Versager, ein Loser. Ich habe Ihnen erzählt, was meine Mutter von mir hält. Und nun darf ich nicht einmal zu Weihnachten nach Hause kommen. Ich bin zutiefst enttäuscht und steige aus."

Es folgte ein langes Gespräch, aber meine Worte erreichten die Lebensmüde nicht. Schließlich kam mir eine gute Idee. „Anja, ich lade Sie ein. Verbringen Sie die Festtage in unserer Familie. Bleiben Sie am Apparat. Ich werde mit meinem Mann sprechen, dass er Ihnen eine Zugverbindung sucht. Er kennt sich im Kursbuch gut aus. Schon als Kind war das sein Hobby."

Erstaunt antwortete die Anruferin: „Wie, ich darf zu Ihnen kommen? Sie wissen doch gar nicht, wer ich bin."

„Ist das etwa ein Problem? Ich freue mich schon auf die Begegnung mit Ihnen. Legen Sie nur nicht den Hörer auf. Ich rufe auf dem zweiten Apparat meinen Mann an. Die Strecke von Stuttgart nach Marburg kennt er wie seine Westentasche, und er wird schnell eine Verbindung herausfinden."

Nach wenigen Minuten konnte ich dem jungen Mädchen mitteilen: „Mit dem Nachtzug werden Sie um l Uhr 32 in Marburg sein. Wir holen Sie am Hauptbahnhof ab. Ihr Fahrgeld hinterlege ich bei uns am Bahnhofsschalter, und damit wird man Ihnen in Stuttgart einen Fahrschein ausstellen. Sagen Sie mir nur noch, woran ich Sie erkennen kann."

„Ich trage einen türkisfarbenen Rucksack. Aber ist das wahr? Darf ich wirklich kommen?“

„Mein Wort gilt, Anja. Ich warte auf Sie. Jetzt müssen Sie sich aber beeilen. Ich gebe Ihnen noch meine private Telefonnummer.“

„Danke, danke! Heute sind Sie mein Engel! Tschüss, bis nachher.“

Ich ließ mich in der Telefonseelsorge von einem anderen Mitarbeiter ablösen und mein Mann brachte mich zur angegebenen Zeit zum Bahnhof. Pünktlich fuhr der Nachtzug ein. Es stiegen kaum Reisende zu so später Stunde in Marburg aus. Aber vor dem letzten Wagen erkannte ich die junge Dame an ihrem türkisfarbenen Rucksack. Fest drückte ich ihr die Hand: „Herzlich willkommen, Anja!“ Dann fuhren wir mit dem Auto heim. Zu Hause richtete ich ihr auf der Couch im Wohnzimmer ein Bett. Den Tisch hatte mein Mann für Anja schon gedeckt. Acht Tage blieb das junge Mädchen bei uns. Wir verbrachten wunderschöne Festtage miteinander. Besonders die Gottesdienste sprachen sie an.

Dann aber galt es wieder Abschied zu nehmen. „Schön, Anja, dass wir uns kennenlernen durften. Wir bleiben in Kontakt miteinander. Befolgen Sie meine Ratschläge und holen Sie sich professionelle Hilfe.“ Das hat mir meine Besucherin versprochen.

Heute geht es ihr wieder recht gut. Nach einem längeren Klinikaufenthalt konnte sie ihre Ausbildung fortsetzen. Vor ein paar Monaten nahm sie sogar das Abschlusszeugnis entgegen und ist nun Erzieherin.

Wochen später erhielt ich einen Brief von Anjas Mutter. Ihre Tochter hatte ihr wohl von der Begegnung mit mir erzählt. „Mit lieben Grüßen will ich mich bei Ihnen bedanken. Sie haben unserer Anja wunderbar geholfen.“ Aus einer beigelegten Doppelkarte flogen mir 100 Euro entgegen. Das war wohl das Geld für die Fahrkarte. Mich aber freut es, dass ich in dieser Nacht für das Mädchen ein „Engel“ sein durfte. So hat sie diese Begegnung empfunden. Wir brauchen einander, das wurde mir erneut bewusst.

Ein Engel ganz anderer Art

Berge von schmutziger Wäsche haben sich nach den Weihnachtstagen in meinem Badezimmer angesammelt. Heute will ich den Hosen, Hemden, Strümpfen und Handtüchern zu Leibe rücken und packe die Trommel voll. Als ich aber die Waschmaschine anschalte, kommt sie nicht in Gang. Stattdessen leuchtet ganz unten rechts ein Lämpchen auf: „Wasserzulauf gestört." Noch nie zuvor habe ich diesen Hinweis bemerkt, denn mein Miele-Waschautomat hat mich seit sieben Jahren noch nie im Stich gelassen. Sehr häufig habe ich ihn angestellt, denn oft stehen Säcke mit schmutziger Wäsche von unseren Mitbewohnern im Flur. Immer wieder probiere ich meine Maschine in Gang zu bringen und drücke auf verschiedene Schalter. Aber ständig flackert das rote Lämpchen auf. Ein Gebet entringt sich meinem Herzen. „Bitte, Herr Jesu, schenke es doch, dass ich meine Wäsche waschen kann." Fast gleichzeitig rufe ich meinem Mann zu: „Karl-Heinz, komm doch mal. Die Waschmaschine streikt. Der Wasserzulauf scheint verstopft zu sein."

Mein Mann rückt mit seinem Werkzeugkasten an, krempelt sich die Ärmel hoch und macht sich an die Arbeit. Mit einer Rohrzange montiert er den Zulaufschlauch ab und reinigt das Sieb. Trotz aller Mühe gelingt es ihm nicht, den Schaden zu beheben. Noch einmal blättern wir in der Anleitung für den Gebrauch des Waschautomaten und können nicht verstehen, warum wir die Trommel nicht in Bewegung setzen können. Wir werden wohl doch den Kundendienst anrufen müssen. Dieser Spaß kann teuer werden. Ich will schon mal die Telefonnummer heraussuchen.

In meine Überlegungen hinein klingelt es an unserer Haustür. Ein junger Mann – er kommt aus Bad Gandersheim – will den Verbrauch der Gasleitung ablesen. Spontan frage ich ihn: „Verstehen Sie auch etwas von Waschmaschinen?" Entgeistert schaut er mich an. „Warum stellen Sie mir diese Frage? Haben Sie ein Problem?" – „Ja, sogar ein großes. Meine Waschmaschine hat den Geist aufgegeben, und wahrscheinlich muss ich den Kundendienst herbitten."

„Na, dann will ich mir das Malheur mal anschauen.“ Bei diesen Worten führe ich den Heizungsbauer ins Bad. Er sieht sich den Schaden genau an und fragt meinen Mann, ob er denn den Wasserhahn, der den Zulauf regelt, auch mal aufgedreht habe. „Bitte, holen Sie ein Gefäß und halten es mal unter den Wasserhahn.“ Mein Mann befolgt die Anweisung, aber es kommt kein einziger Tropfen heraus. „Ich glaube, ich habe die Ursache entdeckt“, sagt der Monteur. „Vielleicht ist Ihre Wasserleitung defekt.“

„Nein, das kann nicht sein.“ Und dabei drehe ich über dem Waschbecken den Hahn auf. Hier sprudelt das Wasser heraus. Doch in diesem Moment kommt mir ein Gedanke. „Karl-Heinz, unsere Waschmaschine ist ja an die Zisterne vor dem Haus angeschlossen. Es hat seit Wochen nicht mehr geregnet, und vielleicht ist sie leer.“ Der Heizungsmonteur geht mit meinem Mann in den Heizungskeller. Ein Knopfdruck stellt die Zuleitung aus der Zisterne auf Frischwasser um. Oben im Bad höre ich, wie sich plötzlich meine Maschine mit Wasser füllt. Das verflixte rote Lämpchen leuchtet jetzt nicht mehr. Die Trommel beginnt sich zu drehen.

„Sie sind heute ein Engel für mich." Ich möchte den jungen Mann am liebsten umarmen. „Wie gut, dass Sie gerade in unsere Ratlosigkeit hineingeplatzt sind. Mein Gebet ist erhört. Den Kundendienst brauche ich nicht mehr zu rufen. Jetzt haben Sie erst mal ein gutes Frühstück verdient." Ich koche Kaffee und decke den Tisch. Unserem Engel drücke ich einen Geldschein in die Hand und schenke ihm noch mein neuestes Buch. „Gott wusste um meine Hilflosigkeit. Deshalb hat er Sie zu mir geschickt. Beten hilft immer. Ich als Hausfrau habe es besonders nötig." Mit diesen Worten verabschiede ich meinen treuen Helfer und Engel aus Bad Gandersheim.

Erfreuliche Manuskripte

Immer wieder landen auf meinem Schreibtisch Manuskripte, die mir Leser zukommen lassen mit der Bitte, auch ihre Geschichte zu überarbeiten und sie in meinen Büchern zu veröffentlichen. So schreibt Frau Elfriede Bäumchen:

Bei uns in Pommern mussten wir in der Winterzeit tüchtig Schnee schippen. Manchmal trieb uns der Wind hohe Schneewehen vor die Tür, sodass wir nicht aus dem Haus herauskamen. Dann schaufelten die Eltern erst einmal die Schneeberge in die Sommerküche und schufen sich danach einen Weg bis zu den Ställen und auf die Straße an unseren Brunnen.

Im Jahr 1943/1944 fiel bei uns in Stolp so viel Schnee, dass sich uns die Natur in einem neuen Bild darbot. Alles sah so verzaubert und friedlich aus, und bei diesem herrlichen Anblick vergaßen die Menschen zumindest für eine kurze Zeit den Krieg und die herannahende feindliche Front. Außerdem ließ die Advents- und Weihnachtszeit unsere

Herzen höher schlagen. Aber zunächst war es unsere Aufgabe, Mutter unter die Arme zu greifen. Unsere Wohnung musste für das Fest auf Hochglanz poliert werden. Darüber haben wir oft gemurrt, denn welches Kind nimmt schon gern Besen, Kehrschaufel und Schrubber in die Hand. Aber unsere Mutter kannte kein Pardon. „Erst die Arbeit, dann das Vergnügen“, hämmerte sie uns ein. Viel lieber hätten wir gleich nach Unterrichtsschluss unsere Schlitten geholt und wären auf die kleine Anhöhe vor der Stadt geeilt.

Nachdem wir unsere Arbeit getan hatten, durften wir hinaus ins Freie. Dann hielten uns keine zehn Pferde mehr im Haus. Am Abend saß dann die ganze Familie vereint um die Petroleumlampe in der Wohnküche. Jedes Kind musste ein Gedicht lernen und sich seine Rolle für das Krippenspiel einprägen. Es gab immer ein Gerangel, wer denn die Maria oder den Engel spielen durfte. Die Gestalt des Joseph und die der Tiere im Stall zu Bethlehem waren nicht so begehrt. Wer was spielen durfte, bestimmte immer unsere Frau Pfarrerin, die mit uns schon Wochen vor dem Fest die Rollen einübte.

Einige Tage vor Weihnachten durfte sich

mein Vater im Wald eine Tanne schlagen. Das hatte ihm der Förster erlaubt. Mein großer Bruder begleitete ihn und lernte schon früh mit Säge und Beil umzugehen. Mutter schmückte am Vormittag des 24. das Tännchen. Die Tür zur guten Stube blieb dann für uns verschlossen. Aber leise folgten wir ihren Schritten, wenn sie den Korb aus dem Schlafzimmer unter die Tanne stellte. Peter hatte sich ein Fahrrad gewünscht, aber ein solch sperriges Ding hat Mutter nie transportiert. Manchmal jammerte er: „Nun werde ich auch dieses Jahr kein Fahrrad bekommen." Wir versuchten ihn zu trösten: „Warte doch ab. Vielleicht schleppt Mutter dein Geschenk erst herein, wenn wir in unseren Betten liegen und schlafen."

Und dann war es so weit. Vom Kirchturm hörten wir das Glockengeläut. Am Vormittag war schon die Zinkwanne in die Küche geschafft und mehrere Töpfe mit Wasser auf dem Herd erhitzt worden. Einer nach dem andern durfte sich baden. Aus dem Schrank hatte Mutter schon frische Unterwäsche und unsere Sonntagskleider geholt. Gestriegelt und gebügelt warteten wir nun geduldig, bis wir auf den Weg zur Kirche aufbrechen konnten.

In diesem Jahr aber blieb die Freude auf das hohe Fest bei den Eltern aus. Es war wohl das letzte Weihnachten, das sie in ihrer Heimat würden feiern können. Durch unsere Straßen zogen sich schon die langen Trecks von Flüchtlingen, die weit aus dem Osten kamen. Wann würde uns das Schicksal treffen, dass wir Stolp würden verlassen müssen? Das war ihre bange Frage. So wurde Heiligabend 1943 in trüber, schwermütiger Stimmung gefeiert, zumindest bei den Erwachsenen. Aber noch war es nicht so weit. Die Kirche war bis auf den letzten Platz gefüllt. Sogar die beiden Emporen waren vor allem von jungen Menschen besetzt. Bis zur Tür standen die Besucher, weil sich in diesem Jahr das Dorf fast vollzählig auf den Weg gemacht hatte. Viele ahnten schon, dass sie Christi Geburt nie wieder in der Heimat würden feiern können. Die Orgel erklang und die Gemeinde fiel mit dem Lied ein:

„Welch ein Jubel, welche Freude bringt die schöne Weihnachtszeit." Gespannt warteten wir auf unseren Auftritt beim Krippenspiel. Die Predigt des Pfarrers dauerte uns viel zu lange und unruhig rutschten wir auf den Bänken hin und her. Am Schluss des Gottesdienstes stand die Gemeinde nach dem Segen auf und sang das Lied: „O du fröhliche, o du selige gnadenbringende Weihnachtszeit."

Dann aber konnten wir nicht schnell genug nach Hause laufen. Aufgeregt warteten wir, bis Vater und Mutter auch endlich ankamen. Beide verschwanden dann in der guten Stube, und es war Vaters Aufgabe, die Kerzen am Baum anzuzünden. Mit einer Tüte voller Plätzchen in der Hand, die uns Sonntagschulkindern geschenkt worden war, hielten wir die Spannung kaum aus, bis das Glöckchen erklang und Mutter die Tür zum Weihnachtszimmer öffnete. Zuerst sangen wir immer das Lied „Ihr Kinderlein, kommet". Dann las Vater das Weihnachtsevangelium aus Lukas 2 vor und betete für uns alle. Erst danach durften wir die Geschenke empfangen. Der Jüngste immer zuerst. Etwas enttäuscht schaute sich Peter im Zimmer um. Nirgends konnte er sein Fahrrad entdecken, das er sich so sehr gewünscht hatte. Als er aber dann an den Gabentisch trat, fand er an seinem Platz eine wunderschöne Spruchkarte: „Such bitte dein Geschenk im Vorratskeller." Er ahnte schon sein Glück, lief eilenden Schrittes die Treppe hinunter und war überglücklich, als er sein Fahrrad in der Ecke stehen sah. Schnell riss er das Leintuch ab, mit dem es zugedeckt war, und staunte. Es war noch schöner, als er es sich vorgestellt hatte. „Danke, Mama! Danke Papa!", flog er seinen Eltern in die Arme. So wurde für ihn dieses Weihnachtsfest 1943 zu einem wunderbaren Höhepunkt in seinem jungen Leben.

Es folgte dann das Jahr 1944. Im Herbst mussten wir unsere Heimat verlassen und uns auf die Flucht begeben. Ein Verwandter – er war Kohlenhändler – gab uns einen Wagen mit Pferd. Einige Männer des Dorfes hatten darüber eine Plane angebracht. Vater lud vor allen Dingen Hafersäcke auf, und Mutter packte das Nötigste an Kleidung und Lebensmitteln zusammen. Wir Kinder wurden oben auf den Wagen gesetzt. Dann machten wir uns auf den Weg, von dem wir nicht wussten, wohin er uns führen würde. Wir kamen nicht weit mit unserem Treck, in den wir uns eingereiht hatten. Die Russen holten uns mit ihren Panzern ein und wir hatten Glück, dass wir auf einen Feldweg ausweichen konnten. Sie raubten uns aus und spannten auch unseren Gaul ab. Nun galt es, die vielen Kilometer, die wir schon zurückgelegt hatten, wieder zu Fuß heim zu gehen. Da wir Kinder noch klein waren, dauerte dieser Rückmarsch viele Tage. Immer wieder wurden wir von feindlichen Soldaten aufgehalten, und sie riefen: „Uri, Uri." Sogar mein Bernsteinarmband, das mir meine ältere Schwester geschenkt hatte, wollten sie mir abnehmen. Aber Mutter nahm mich schreiendes Kind in den Arm und erklärte den Russen, das sei nicht wertvoll. So durfte ich es behalten, habe es aber immer versteckt. Wenn es auf unserem Fluchtweg Nacht wurde, suchten wir uns ein Quartier auf verlassenen Bauernhöfen oder fanden eine Liegestatt im Wald. Da es regnete, war meine lange Trainingshose ganz nass und am anderen Morgen steif gefroren. Manchmal fanden wir Nahrungsmittel in den unbewohnten Höfen. Einmal fand ich Kunsthonig, das machte mich sehr glücklich. Leider wurde mir das Glas gestohlen. So erging es auch meiner Mutter, die einen Sack mit Zuckerrüben entdeckt und mitgenommen hatte. Es war eine böse Zeit.

Nach einem langen Fußmarsch erreichten wir endlich wieder unser Dorf. Zum Glück war es noch nicht zerstört. Aber alles war durchwühlt und auf den Boden geworfen worden. Auch die Wertsachen hatten die Russen gestohlen. Die Frauen und jungen Mädchen lebten in ständiger Angst, vergewaltigt zu werden. Mutter blieb vor solchen Gräueltaten verschont, da sie ihr Gesicht schwärzte und so recht alt aussah. Wir lebten von Nahrungsmitteln, die wir in Geschäften und Wohnhäusern fanden. Als der Sommer anbrach, suchten wir auf den abgeernteten Kornfeldern nach Ähren. Zwei Monate später gruben wir des Nachts Kartoffeln aus. Natürlich war uns dies nicht erlaubt, aber was sollten wir tun? Der Hunger quälte uns. Hätten wir verhungern sollen? Einmal wäre uns der Sack mit Kartoffeln fast geraubt worden, aber wir konnten unserem Verfolger entkommen, als wir in einer Kurve einen Feldweg einschlugen und er uns aus den Augen verlor. Mit seinem Fahrrad fuhr er einfach an uns vorbei und wir freuten uns wie die Schneekönige.

Die Situation in unserer Stadt verschlimmerte sich von Tag zu Tag, weil immer mehr

Polen ins Land kamen. Wir wurden mehrmals aus unserer Wohnung hinausgeworfen und mussten zusehen, wo wir unterkommen konnten. Fanden wir eine Unterkunft, dann hatten wir oft große Ängste durchzustehen, weil wir in der Nacht oft ausgeraubt wurden. In der Herbstsaison zog es uns in die Wälder zum Pilzesammeln. Aber wir mussten immer auf der Hut sein, dass uns die Russen nicht entdeckten. Sonst würden sie uns gefangen nehmen und zu anderen Arbeiten einteilen, wie in der Ernte helfen oder Kartoffeln auflesen. Als wir an einem Sonntag vom Gottesdienst auf dem Nachhauseweg waren, holten uns die russischen Soldaten allesamt zum Kartoffelschälen in die Kaserne.

Mein Bruder war beim Aufstöbern von Lebensmitteln besonders findig. Einmal brachte er einen ganzen Eimer voll mit Camembert-Käse heim. Die Molkerei war unmittelbar in unserer Nähe. Die Tatsache, dass die Russen oft leichtsinnig mit ihrer Munition hantierten und sie manchmal einfach in den Fluss warfen und somit die Fische töteten, machte sich mein Bruder zunutze. Schlau wie er war, holte er die Forellen und Karpfen aus dem Wasser. So etwas

Gutes hatten wir schon lange nicht gegessen. Am glücklichsten war unsere Mutter, die uns die Fische braten konnte und nun sah, wie begierig wir sie verschlangen. Eine Tante von uns wohnte nicht weit entfernt auf dem Land. Zu Fuß machten wir uns auf den Weg zu ihr. Sie konnte uns mit einem großen Stück Fleisch versorgen, das bei uns nicht zu ergattern war. Es war nur schade, dass uns das Salz für die Suppe fehlte.

1946 erhielten wir eines Abends den Befehl, unsere wenige Habe zusammenzupacken und uns am nächsten Morgen um acht Uhr am Bahnhof einzufinden. Wir wurden in Viehwaggons verladen und in den Westen nach Kiel verfrachtet. Hier erhielten wir zum ersten Mal auf der Reise Kohlsuppe zu essen. Das war mein Leib- und Magengericht. Abends bekam jeder einen geräucherten Bückling. Wir fühlten uns wie im Schlaraffenland, aber hier im hohen Norden durften wir nicht bleiben. Wuppertal war unsere nächste Station, wo ich auch zum ersten Mal in einen Zoo ging. Das war für mich ein wunderbares Erlebnis, denn ich liebte Tiere über alles. Am meisten Spaß machte es mir, die Affen und die Elefanten zu beobachten.

Leider erkrankte ich kurz darauf. Mit einer Blinddarmentzündung wurde ich in eine Klinik eingeliefert und verbrachte dort mehrere Wochen in der Chirurgie. Das Heimweh plagte mich und ich sehnte mich nach meinen Eltern und Geschwistern. Selten durfte ich Besuch empfangen. Jedesmal weinte ich, wenn die Schwester ins Patientenzimmer trat und die Angehörigen bat: „Bitte verlassen Sie das Zimmer! Die Besuchszeit ist beendet." Nachdem ich aus dem Krankenhaus entlassen worden war, lebten wir in einem Flüchtlingslager auf engem Raum.

Gerne erinnere ich mich an mein erstes Weihnachtsfest fern von Stolp. Es wurde wunderbar für uns gestaltet. Jeder erhielt einen Stollen als Geschenk und herrliche Plätzchen. Für mich war noch ein bildhübsches Kleidchen dazugepackt worden. Ich fühlte mich wie eine kleine Prinzessin. Zum Glück nahm der Aufenthalt im Lager bald ein Ende und wir durften unsere Stockbetten verlassen. Eine recht nette, aber kleine Wohnung wurde uns zugeteilt und in unser Leben kehrte wieder Normalität ein. Heute lebe ich mit meiner Familie in Waldbrunn und es geht uns gut. Das Alte ist vergangen, und wir sind dem neuen Leben zugewandt. Uns bleibt der Dank an Gott, der uns in vielen Gefahren wunderbar bewahrt hat.

Mein Rosenthalservice

War das eine Freude, als Onkel Otto mit einem großen Paket in meinem Studentenstübchen erschien und mir meine Weihnachtsgabe überbrachte. Ich konnte es kaum fassen. „Lottchen, ich will dir jetzt schon dein Geschenk überbringen. Ich will nämlich mit Tante Emilie in die Berge verreisen. Im nächsten Jahr wollt ihr ja heiraten. Ich habe mir gedacht, dass du dich sicher über ein Kaffeeservice freuen würdest, da ihr beide ja so langsam an euren Hausstand denken müsst." Ich war sehr gespannt, als ich die Schnüre löste und das Packpapier entfernte. Schließlich kamen die wunderschönen Tassen und Teller mit dem Rosenmuster zum Vorschein. Auch eine Kanne, ein Milchgießer und eine Zuckerdose waren dabei. Als ich mir das Geschirr näher betrachtete, las ich auf der Unterseite die Marke „Rosenthal". Wie konnte mir mein Onkel nur so teures Porzellan schenken? So etwas Wertvolles hatte ich noch nie besessen. Meinen Tee trank ich morgens immer aus einer Sammeltasse, die ich zur Konfirmation als Geschenk erhalten hatte. Meine Freude war riesig und ich bedankte mich herzlich. Aber wo bringe ich das teure Service nur in meinem kleinen Zimmerchen unter? Ich überlegte, und es kam mir der Gedanke, dass ich Tante Emilie bitten sollte, es für mich bis zur Hochzeit aufzubewahren. Im Juni wollten wir heiraten und vielleicht würden wir dann eine kleine Wohnung beziehen. „Ja, bring nur alles zu uns“, ermutigte mich Onkel Otto.

Ein Jahr später war es dann so weit. Unsere Vermählung fand am 22. Juni 1957 statt. Am 29. März 1958 erblickte unser erstes Kind das Licht der Welt. Wir planten sechs Wochen später die Taufe von Anne-Ruth. Für die Feier brauchte ich nun mein Kaffeeservice und wollte es mir von meiner Tante holen. Aber da erlebte ich eine böse Überraschung. Sie händigte mir das große Paket nicht aus. „Ich habe mal hineingeschaut, was Otto euch geschenkt hat. Wie konnte er nur ein solch teures Porzellan kaufen, ohne mich zu fragen. Das kostet ja ein Vermögen. Ich selbst besitze nur einfaches Geschirr und kein Markenporzellan. Das Service bleibt erst mal hier.“

Ich wollte mich nicht mit meiner Tante streiten und brachte auch kein einziges Wort über die Lippen. Hätte ich gewusst, dass Tante Emilie eine so schwierige, eifersüchtige Frau war, hätte ich ihr das Paket nie gebracht, sondern es unter meinem Bett verstaut. Sie setzte sich auch gegen ihren Mann durch. Die beiden stritten heftig darüber, dass er für ein armes Flüchtlingsmädchen, das zudem aus Russland stammt, so viel Geld ausgegeben hatte. Nie würde Lotte den Wert eines solchen Geschenkes achten können, warf sie ihm vor. Recht geknickt ging ich die Treppenstufen hinunter, verließ ihr Haus und überlegte, ob ich mir das Geld zusammensparen könnte, um im Kaufhaus ein preiswertes, sechsteiliges Service zu erstehen. Zur Taufe waren wir genau acht Personen: Oma Anne, Opa Karl, die beiden Paten und der Pfarrer mit seiner Frau. Karl-Heinz und ich würden den Kaffee aus unseren Sammeltassen trinken. Wir feierten trotzdem ein wunderschönes Fest und dankten Gott für unser gesundes Töchterchen mit seinen vielen dunklen Löckchen. Die Sache mit dem Rosenthalservice hat mich schon mächtig geärgert. Aber dann vergaß ich sie auch.

Zwei Jahre später starb Onkel Otto an einem Herzinfarkt, und im gleichen Jahr mussten wir auch die Tante zu Grabe tragen. Da sie keine Kinder oder sonstige Verwandten hatte, kam auf uns die Aufgabe zu, ihre Wohnung aufzulösen. Im Wohnzimmerschrank entdeckte ich im hintersten Fach mein Rosenthalservice. Vorsichtig wickelte ich es in saubere Geschirrtücher und trug es in einem Wännchen ins Auto. Weihnachten wollte ich es dann erstmals einweihen.

Aber daraus wurde nichts. Ich deckte am Heiligabend den Tisch, brachte es aber nicht übers Herz, das so lange entbehrte Geschirr zu benutzen. Der alte Ärger kam wieder in mir hoch. Ich nahm es, trug es in die Abstellkammer und stellte es in die hinterste Ecke, wo auch die alten Blumentöpfe, das Streusalz und der kaputte Dampfkochtopf standen. Tante Emilie war nie sehr freundlich zu mir gewesen. Zu meiner Schwester hatte sie einmal bei einem Besuch gesagt: „Grete, du hättest viel besser zu meinem Neffen gepasst als Lotte. Ich hätte mir für ihn eine attraktive, schöne Frau, wie du es bist, gewünscht und nicht eine kleine dicke Frau mit Knoten, also eine Russenmagd.“ Gewiss, ich hatte durch die Geburt meines Kindes einige Pfunde zugenommen, die ich nicht so schnell wieder loswerden konnte. Aber unförmig dick war ich nie. Obwohl ich das Geschirr hinter verrosteten Töpfen und nicht mehr gebrauchsfähigem Geschirr verstaut hatte, wurde ich den Gedanken an meine missgünstige Tante nie ganz los. Irgendetwas erinnerte mich immer wieder an sie, und wenn es auch nur ihr Grab auf dem Friedhof war, das ich pflegte. Gerade an Weihnachten musste ich an mein Service denken, denn zu diesem hohen Fest hatte ich es ja vom Onkel geschenkt bekommen. Und doch bewegte mich der Gedanke: Darf ich als Christ solch negative Erinnerungen in meinem Herzen behalten?

Heute Morgen fand ich die Antwort auf diese quälende Frage. Daniel Schäfer, ein sehr bekannter und gesegneter Evangelist und Seelsorger, schrieb Folgendes zu dem Thema Vergebung:

„Wirkliches Vergeben führt auch zum Vergessen der Sünden der anderen. In 1. Korinther 13,5 steht das Wort: ‚Liebe rechnet das Böse nicht zu.' In einer anderen Übersetzung heißt es an dieser Stelle: ‚Liebe führt nicht Buch über erlittenes Unrecht.‘ Das ist ein Wort, an dem wir zu lernen und zu üben haben bis zum letzten Meilenstein. Bitte, merken Sie sich das Wort und reißen Sie jetzt aus dem dicken Kontobuch der unvergebenen Geschichten ein Blatt nach dem anderen heraus! Der Herr wird es Ihnen segnen. Dann werden Sie wieder fröhlich sein und können aus begnadigtem Herzen beten: ‚Vergib uns unsere Schuld, wie auch wir vergeben unsern Schuldigern!‘ Um ein versöhnliches Herz aber bitten Sie täglich, damit der Heilige Geist eine gründliche Arbeit an Ihnen tun kann.“ So weit die Aussagen von Daniel Schäfer.

Für mich war dies ein heilendes Wort. Ich wollte der bösen Erinnerung ein Ende setzen. So beschloss ich, für mein Rosenthalservice ein Einweihungsfest zu Weihnachten zu veranstalten. Ich holte es aus der Abstellkammer, spülte Teller und Tassen, kochte einen guten, starken Kaffee und deckte den Tisch festlich mit einer Kerze und Blumen. Ich kochte Eier, trug Käse, Wurst, Marmelade und Honig auf den Tisch, erfreute meinen Mann mit einem Hefezopf, den er besonders gern isst, und erlebte ein wahres Wunder. Ich musste nicht mehr im Gram an Tante Emilie denken, sondern hatte großen Spaß an dem teuren Geschirr und benutze es bis heute immer wieder.

Ein wertvolles Weihnachtsgeschenk

Zum ersten Weihnachtsfest in unserer Ehe erhielten wir von unserem Freund Bernhard von Schwerin ein besonderes Geschenk: das Andachtsbuch von Wilhelm Busch mit dem Titel „365 Mal Er“. Es hat uns beide in unserer Ehe begleitet und uns im Glauben gestärkt. Jeden Morgen lasen wir eine Andacht aus dem Wort der Bibel. Pfarrer Wilhelm Busch war mir kein Unbekannter. Einige Male hatte ich ihn schon bei Tagungen erlebt. Seine Art zu predigen riss die Zuhörer mit. Er war originell in seiner Auslegung der biblischen Texte und konnte auch sehr impulsiv sein.

Es war bei einer Tersteegen-Konferenz in Essen, an der ich teilnahm. Über die Mittagszeit war eine Bibelarbeit angesagt. Der Saal war total überfüllt und einige Zuhörer hatten nur noch Stehplätze gefunden. Draußen herrschte eine Hitzewelle, und im Raum war es schwül. So passierte es, dass trotz seiner spannenden Rede einige ältere, aber auch jüngere Menschen eingenickt waren. Er unterbrach seine Ausführungen und rief plötzlich laut in die Menschenmenge hinein: „Da schlafen ja einige. Aufstehen! Fenster öffnen! Wir singen ‚Großer Gott, wir loben dich'." Alle im Saal waren auf einmal hellwach, und nach dem Lied predigte er zügig weiter. Er war ein Prediger aus Passion und sicher hat er durch seine Verkündigung viele zur Entscheidung zu Christus gerufen. Seine Ansprachen steuerten immer dem Höhepunkt entgegen, dass Jesus Christus den Menschen zur Rettung und Erlösung gekommen war. So glichen seine Aussagen einer Speerspitze, die kerzengerade auf das Gewissen der Menschen gerichtet war. Auch durch packende Alltagserfahrungen konnte er die Gottesdienstbesucher fesseln. Wilhelm Busch lebte aus dem Reichtum der Bibel und entdeckte immer wieder neue Höhepunkte darin.

Geboren wurde er am 27.3.1897 in Wuppertal Elberfeld. Als junger Leutnant war er im Ersten Weltkrieg zum bewussten Glauben an Jesus gekommen. Er wusste sich von Gott berufen, sein Zeuge zu werden. So studierte er in Tübingen Theologie. Professor Karl Heim, dieser vollmächtige, begabte Theologe, der selbst durch den Evangelisten Elias Schrenk zum Glauben gekommen war, hat ihn besonders geprägt und gefördert. In Essen begann er seinen ersten Dienst als Vikar in einem Bergarbeiterbezirk. 1931 wurde er Jugendpfarrer in dieser Stadt. In der Zeit des Dritten Reiches hat er schrecklich gelitten. Die christlichen Jugendvereine waren alle in die Hitlerjugend überführt worden. Wilhelm Busch blieb unerschütterlich bei der Verkündigung des Evangeliums. Das brachte ihm auch Gefängnisstrafen ein.

Einmal versuchte ein Richter während der Vernehmung ihn zu überreden, seinen Dienst als Pfarrer aufzugeben: „Pfarrer Busch, wir bieten Ihnen einen einträglichen, lukrativen Posten in der Verwaltung unserer Stadt an, wenn Sie Ihr Amt als Jugendpfarrer aufgeben. Sie können dann sofort das Gefängnis verlassen. Im Herzen können Sie ja denken, was Sie wollen, aber predigen dürfen Sie nicht mehr."

Zu dieser Versuchung schrieb Busch: „Nun saß ich wieder in meiner Zelle. Sie war so eng, dass ich an beide Wände rechts und links anstieß, wenn ich die Arme ausstreckte. Kalt war es, und ich fror mächtig. Außerdem quälte mich der Hunger. Oft packte mich auch die Angst, ob ich je wieder aus diesen kahlen, hässlichen Mauern herauskommen könnte. Und was wird aus meinem jungen Volk, das Jesus nachfolgt? Und wie geht es meiner Frau und meinen Kindern? In dieser Nacht konnte ich nicht schlafen. Die Verlockungen waren groß. So war mir auch ein sehr gutes Gehalt angeboten worden. Ich konnte ja in meinem Inneren denken, was ich wollte, und Christ bleiben. Nur predigen durfte ich nicht. Ich brauchte nur das lumpige Schriftstück zu unterzeichnen und somit als Pfarrer zurückzutreten, dann wäre ich frei. In meinem Herzen tobte ein zäher Kampf. Ich wollte nach Hause, nur nach Hause zu Frau und Kindern. Es war die Nacht meiner härtesten Versuchungen.

Aber dann behielt Jesus die Oberhand, und ich sagte mir: Jesus ist für mich in einem Stall geboren, hat sein Blut am Kreuz für mich vergossen und mich von der Macht der Sünde befreit. Durch seine Geburt und seinen Tod hat er mir ewiges Leben zugesprochen. Als die gaffende Menschenmenge ihren Blick auf Golgatha und seinen Kreuzesbalken gerichtet hatte, als der Gottessohn laut vor Schmerzen schrie: ‚Mein Gott, mein Gott, warum hast du mich verlassen?‘, und dann seinen Atem aushauchte, da hatte der Vater im Himmel schon den Auferstehungsmorgen an Ostern beschlossen. Sollte ich solch einem Herrn eine Abfuhr erteilen und ihn verleugnen, der so viel für mich getan hat? Nein, nein, meinem Heiland schwöre ich nicht ab! Ich bleibe bei ihm, ob ich lebe oder sterbe. Nun hatte mein Herr in dieser anfechtungsreichen Nacht gesiegt. Ganz gleich, was aus mir wird, meinen Jesus verleugne ich nicht.

Am nächsten Morgen musste ich wieder vor meinem Ankläger erscheinen und teilte ihm mit fester Stimme meine Entscheidung mit. Begreifen konnte der Richter mein Handeln nicht und schüttelte nur den Kopf. Aber er ahnte etwas davon, wie stark Jesu Macht und Liebe waren.“

Aber nicht nur Wilhelm Busch, sondern auch sein Bruder Johannes landete im Gefängnis. Sein jüngster Bruder fand als Soldat an der Front den Tod. Die Mutter, eine wunderbare Christin, die ich sehr verehre, schrieb an ihre beiden Söhne einen Brief ins Gefängnis, obwohl sie wusste, dass die Post zensiert wurde: „Ich bin so stolz auf euch. Das ist ja nicht so schlimm, wenn ihr um des Glaubens willen im Gefängnis sitzen müsst. Schrecklich wäre es allein, wenn ihr in Sünde und Schande fielet." Das Vertrauen zu Jesus wurde für die beiden inhaftierten Brüder zu einer Glaubensstärkung. Das Vorbild der Mutter ermutigte sie, fest für Christus einzustehen und alles zu wagen. Später sagte Wilhelm Busch: „Im Leben von Mama wird deutlich: Nur eins ist in unserem Dasein wichtig, nämlich dass es unter die Macht Jesu kommt. Dann wird er alles herrlich hinausführen." So blieb Wilhelm Busch in unserem Land ein Rufer zu Christus.

Er hatte sich für Jesus entschieden, als während des Ersten Weltkrieges in einer Kampfpause eine verirrte Granate neben ihm einschlug und einen seiner Kameraden zerfetzte. Schaudernd durchfuhr ihn nur eine Frage: „Wo ist dein Kamerad?" Er kannte die Antwort: Er steht jetzt vor dem ewigen Gott, dem unbestechlichen Richter. Und wenn nun dich die Granate getroffen hätte, wo stündest du? Das war für den jungen Leutnant der Beginn seines Lebens als Christ. Seit dieser Begegnung mit Jesus zählte er zu den Heiligen, wie die Bibel die Nachfolger Jesu nennt. In der Bibel sind die Heiligen keine perfekten Leute, ohne Schwächen und Versagen, ohne Ecken und Kanten. Nein, sie sind Leute, die Gott gehören und auf die Gott seine Hand gelegt hat. Im Glauben an Jesus war Busch ein Eigentum Gottes geworden. Während er noch um Versagen in seinem Leben wusste und ihn sein Verhalten oft betrübte und er sich darüber schämte, ließ er sich nicht vom Teufel und von Menschen die Würde nehmen, zu den Heiligen der Gemeinde Gottes zu gehören. Seinen Glauben an den Herrn und Heiland konnte ihm niemand rauben. Er wusste seine Seligkeit, seinen Trost im Leben und im Sterben in seinem Jesus Christus verankert. Und darum war in seinen Worten und in seinen Schriften das ihn beherrschende Thema: „Jesus unser Schicksal“ und „Keiner wie Er“.

Unvergesslich bleibt seine Botschaft an die große Gemeinde Jesu mit seiner kürzesten

Ansprache, die er am 6. März 1966 auf der Großkundgebung der Bekenntnisbewegung „Kein anderes Evangelium“ in der Dortmunder Westfalenhalle hielt. Als heiliges Vermächtnis rief der bevollmächtigte Mann, der, ohne es zu wissen, vor den Toren der Ewigkeit stand, uns das Gotteswort aus Hesekiel 34,11 zu: „So spricht der Herr: Siehe, ich will mich meiner Herde selber annehmen.“

Für uns, die wir Wilhelm Busch in seiner Wortverkündigung schätzten und liebten, kam sein Heimgang viel zu früh. Am 20.6.1966 holte Gott seinen treuen Diener nach einer Evangelisation in der DDR, die er in Saßnitz auf Rügen gehalten hatte, auf der Heimreise in sein himmlisches Reich. Sein Andachtsbuch ist uns aber ein teures, weihnachtliches Vermächtnis.

Die Geburtstagsfeier

In diesem Jahr feierten wir Weihnachten und meinen 80. Geburtstag zusammen. Am zweiten Feiertag haben unsere beiden Söhne – sie sind Pfarrer – alle ihre Gottesdienste und Feiertagsansprachen geschafft, und wir freuen uns, dass wir vollzählig beieinander sein können. Eine stattliche Zahl von 32 Personen sitzt um den Tisch. Es gibt jedes Jahr das gleiche Festessen, das uns an meine Heimat Bessarabien erinnert: Hühnersuppe mit selbstgemachten Nudeln, verschiedene Salate, Erbsen und Karottengemüse, Kartoffeln und Nudeln, dazu ein großes Stück Bratenfleich und Frikadellen. 69 habe ich aus Spaß gezählt. Nach dem Essen sagt mir Emanuel, einer meiner jüngsten Enkel: „Lotta Oma, vielen Dank. Es hat herrlich geschmeckt. Ich habe drei Fleischklößchen gegegessen. Jetzt bin ich satt."

Anschließend singen wir einige Lieder, hören das Weihnachtsevangelium und beten zusammen. Die kleineren Enkel sagen auch gern ihre Gedichte auf. Dann geht es ans Auspacken der Geschenke. Die Jüngsten dürfen damit beginnen. In diesem Jahr freut sich besonders Emanuel über das Paket von Oma und Opa. Er hat ein Trikot des Bayernspielers Bastian Schweinsteiger mit der Nummer 13 erhalten. „Jetzt bin ich der kleine Schweinsteiger!“, jubelt er. Schnell hat er sich umgezogen und ist glücklich über seinen neuen Sportdress. „Oma Lotta, ich gehe jetzt mit Papa auf den Fußballplatz an der Schule und werde als der ‚kleine Schweini‘ ein paar Bälle ins Tor schließen.“ Und schon ist er mit seinem Vater eilig aus dem Haus gelaufen.

Erst am Abend spät fahren die Familien wieder nach Hause.

Am nächsten Morgen ruft uns unser Sohn vergnügt an: „Wollt ihr wissen, was Emanuel am Abend gebetet hat? Er faltete die Hände und sprach: ‚Lieber Gott, hol bitte die Lotta Oma nicht so schnell in dein himmlisches Paradies. Ich will noch lange mit ihr Weihnachten feiern. Amen.‘“

Ist das nicht eine ermutigende Tatsache? Mich hat das Gebet meines Enkels gefreut.

Auch das ist Weihnachten

Eben bekam ich Post von einem liebenswerten älteren Herrn. Mehrmals habe ich schon mit ihm telefoniert, und er erzählte mir von seiner geliebten Frau, die von Gott vor etwa zwei Jahren in die ewige Herrlichkeit abberufen wurde. Ich bat den trauernden Witwer, mir etwas vom Heimgang seiner Frau zu berichten, das anderen Menschen Mut macht, mit Christus zu leben und zu sterben.

So schreibt Gerhard Gutberlet aus Gummersbach:

Es ist der Morgen des 23.12., also ein Tag vor Weihnachten. Wie jeden Morgen um etwa sieben Uhr kam die Diakonieschwester zur Behandlung meiner Beine zu uns. Wir kamen auf das Sterben zu sprechen und sie meinte, wie furchtbar es sein muss, wenn man morgens aufwacht und seinen Ehepartner leblos im Bett sieht. Meine Antwort war: „Nein, nein! Sollte das bei uns passieren, würde es bei mir ganz anders sein. Dann werde ich mich vor das Bett meiner Frau hinknien und Gott von Herzen danken, dass er sie von ihrem schweren Leiden erlöst hat."

Ich ahnte da noch nicht, dass dies eine halbe Stunde später Wirklichkeit sein würde. Ich ging ins Schlafzimmer und stellte fest, dass der Herrgott sie im tiefen Schlaf heimgeholt hatte. Kniend dankte ich dem Herrn, und es flossen auch einige Tränen, waren wir doch 57 Jahre verheiratet gewesen.

Was nach diesem Erleben eintrat, hätte ich vorher nicht für möglich gehalten. Ich wurde eingebettet in einen tiefen Gottesfrieden und wurde von meinem Herrn gehalten, sodass keine verzweifelte Trauer aufkam. Dabei entdeckte ich ganz neu den Wahrheitsgehalt der Bibel, die vom Heiligen Geist als dem Geist des Trostes spricht. Bisher war mir dies nicht so bewusst gewesen, denn ich hatte über diesen Vers hinweggelesen. Nun aber nahm ich diese Wahrheit der Heiligen Schrift staunend und dankbaren Herzens aus eigenem Erleben zur Kenntnis.

Aber auch das andere haben wir in unserer Familie erlebt und werden aus der Trauerarbeit auch nach vielen Jahren nicht entlassen. Wir saßen beim Geburtstag meines Schwiegervaters zusammen und warteten auf meinen Schwager, der sein neues Auto abholen wollte. Aber er kam nicht. Dafür erreichte uns ein Anruf, der uns mitteilte, er läge schwer verletzt in einem Krankenhaus. Er habe einen Autounfall erlitten. Nach nur wenigen Tagen starb er, ohne das Bewusstsein wiedererlangt zu haben. Welch ein Schock war das für uns alle. Nun stand meine Schwägerin mit drei Kindern allein da. Das Älteste, damals etwa 11 Jahre alt, leidet noch nach über 50 Jahren darunter. Ich möchte sie gerne trösten, und wenn ich ihr begegne, halte ich es mit der Heiligen Schrift und weine mit den Weinenden. Wir haben aber die Verheißung, dass Gott einmal alle Tränen von unseren Augen abwischen wird. Ihn wollen wir ehren.

Adresse:
Lotte Bormuth
Sperberweg 8a
35043 Marburg
Tel. 06421/41347